Par le chef étoilé
DAVID TOUTAIN

À TABLE

AVEC LE PARIS SAINT-GERMAIN

70 RECETTES

VARIÉES, ÉQUILIBRÉES ET GOURMANDES

AMPHORA

SOMMAIRE

42 VITINHA

58 OUSMANE DEMBÉLÉ

74 MARQUINHOS

GOAT
QATAR AIRWAYS

PARIS A TOUJOURS FAIM

Du haut de son cinquantenaire, le Paris Saint-Germain est un club qui ne sera jamais comme les autres. Plus qu'une volonté affichée, un constat historique et fondamentalement lié à son appartenance : parce qu'ici, c'est Paris ! Maison la plus étoilée du football français malgré son jeune âge, l'appétit du club de la capitale l'a même hissé ces dernières années parmi les institutions les plus populaires du football mondial.

De 1970 à nos jours, les centaines de footballeurs qui ont porté la tunique rouge et bleu n'ont cessé de faire honneur à l'ancestrale devise latine de Paris, *Fluctuat nec mergitur* : « Il est battu par les flots, mais ne sombre pas. » Habité par cette capacité hors norme à se relever après les tempêtes et à se réinventer sans relâche, le PSG a aujourd'hui largement dépassé ses frontières originelles.

Fidèle au rayonnement international de la Ville Lumière et à ses envies de rêver plus grand, le Paris Saint-Germain incarne désormais un mode de vie, au croisement des terrains de sport et des territoires de la créativité. En sa qualité de vecteur d'influence incontournable des nouvelles générations, le PSG se doit d'oser, d'innover et d'aller sur des terres où on ne l'attend pas forcément.

De cette formidable énergie créatrice est né le livre que vous tenez en main. *À table avec le Paris Saint-Germain*, c'est l'idée d'associer deux conceptions de l'excellence parisienne : la haute gastronomie et le sport de haut niveau. Un projet ambitieux qui aurait été impossible sans le concours de deux experts dans leur domaine respectif : le chef doublement étoilé David Toutain et le diététicien de l'équipe Juan José Morillas Pedreño.

Une collaboration inédite qui a permis au cuisinier-supporter David Toutain de créer 70 recettes délicieuses et équilibrées, directement inspirées par les goûts et les origines diverses des joueurs parisiens. En cuisine comme sur le rectangle vert, le Paris Saint-Germain n'a qu'un souhait : vous régaler. Alors... bon appétit !

DAVID TOUTAIN

LE CHEF

Enfant, David Toutain pensait dédier sa vie à l'agriculture. Il a finalement quitté sa Normandie natale pour se former, dès l'âge de 20 ans, auprès des plus grands chefs. Il devient en 2010 le chef de l'Agapé Substance avant d'ouvrir son premier restaurant éponyme en décembre 2013.

Dans ses cuisines, David Toutain veille chaque jour avec minutie à la maturation et la fermentation des produits pour avoir l'impression de quitter, en plein Paris, le quotidien moderne et citadin. Le chef s'attache à faire vivre une expérience à ses convives : réapprendre à manger avec les doigts, soulager le palais du sel, du sucre, du poivre et des épices. L'éloge du Goût, intense et brut. Les sens sont en éveil autour d'un équilibre parfait : l'acidité vient remplacer le sel, la sucrosité des légumes se substitue au sucre.

David Toutain, c'est une cuisine qui évoque nos souvenirs d'enfance, le réconfort qui émane de l'odeur de beurre caramélisé ou des pommes au four. Ses recettes célèbrent le sens de l'hospitalité, l'envie de s'attabler et de plonger sa fourchette dans un plat gourmand. Avec la bienveillance d'un chef de famille plus que d'un chef de cuisine, les créations de David Toutain réchauffent par leurs couleurs et leur générosité.

Le mot de la faim ? La concentration. Dans l'esprit du chef, qui pense et salive ses plats dans les moindres détails à travers l'imaginaire. La concentration se lie dans les sauces, réduites à l'extase, à travers les choix de cuissons ou de séchage des produits.

Récompensé d'une première étoile au Guide Michelin en 2015, puis d'une deuxième en 2019, le restaurant David Toutain s'est vu gratifié d'une étoile verte supplémentaire pour son engagement responsable envers la nature et la biodiversité. Il est aujourd'hui une adresse incontournable de la grande gastronomie parisienne.

ENTRETIEN CROISÉ

Juan José Morillas Pedreño
David Toutain

Pouvez-vous vous présenter rapidement ?

Juan José Morillas Pedreño : Je suis nutritionniste du club du Paris Saint-Germain, pour toutes les sections.

David Toutain : Je suis chef de mon restaurant éponyme, qui est situé à Paris dans le VIIe arrondissement.

Est-ce que vous pouvez définir avec vos mots vos métiers respectifs ?

JJMP : Mon métier au sein du club, c'est accompagner les joueurs tous les jours pour améliorer la performance d'un aspect nutritionnel, pour la récupération, pour savoir ce qu'il faut manger.

DT : Moi, je suis chef, donc je fais à manger pour des clients. On a un restaurant qui est tourné autour du végétal. Nous n'avons donc pas de carte, que des menus uniques, c'est-à-dire qu'on va cuisiner selon les arrivages, selon les provenances. On travaille en direct avec plein de fournisseurs dans l'Hexagone afin de pouvoir offrir le meilleur produit au meilleur moment de la saison.

Juan, est-ce que tu peux nous expliquer à quel point tu es proche des joueurs du PSG et à quel point tu t'impliques dans leur alimentation ?

JJMP : En ce moment, je suis très impliqué, je peux dire « *full time* », parce que je suis là avec eux au petit-déjeuner, pendant l'entraînement, avant, après, pour le repas du midi. Même lorsqu'ils sont à la maison, je surveille ce que les joueurs mangent. On peut dire que c'est une très grande implication !

David, qu'est-ce que tu souhaites transmettre à partir de ces 70 recettes basées sur les goûts alimentaires personnels des joueurs ?

DT : Ce qui est important, déjà, c'est de montrer la simplicité. C'est-à-dire que, pour bien manger, il ne faut pas forcément cuisiner très compliqué. Ça va être basé sur la saisonnalité, sur des gestes simples, sur des cuissons, et surtout sur des équilibres alimentaires. Trouver une balance dans ce qu'on peut manger, c'est trouver des repas et des recettes équilibrés.

Quels sont les points communs entre la cuisine et le sport ?

JJMP : Pour moi, à l'instant présent, c'est que si nous voulons avoir une bonne prestation sur le terrain, il faut bien manger, et ça, c'est très lié au monde de la cuisine.

DT : Ce qui est assez intéressant à travers cette question, c'est que j'ai eu la chance d'avoir des sportifs de haut niveau qui passent des semaines avec nous, en cuisine, et paradoxalement, on va passer une semaine en leur compagnie au sein de leur métier, de leur vie. On dit souvent que nous, on est vraiment des sportifs de haut niveau en cuisine, c'est-à-dire qu'on a des rythmes de travail qui sont très élevés, qui demandent aussi d'avoir une bonne hygiène de vie. C'est ce qui va être important pour maintenir le cap, pour être là, pour être présent aujourd'hui, être présent demain, et être toujours objectif lorsqu'on travaille. C'est donc le lien entre nos deux métiers.

Nutritionniste de sportifs de haut niveau et chef doublement étoilé : êtes-vous aussi complémentaires dans ce livre qu'un entraîneur et son directeur sportif au bord d'un terrain ?

JJMP : C'est très complémentaire, parce que j'ai toujours besoin d'un bon chef à côté de moi. De mon côté, j'ai des idées et je sais ce qui est important pour les joueurs, mais j'ai besoin que les chefs soient capables de faire cela, que ce soit les chefs privés ou les cuisiniers que les joueurs ont chez eux, ou encore les chefs du centre d'entraînement. David, comme il est « top chef » avec un très haut niveau, c'est incroyable de travailler avec lui, et ça rend mon travail plus facile.

DT : Pareil de mon côté. C'est aussi une remise en question : on ne fait pas à manger dans un restaurant pour une famille qui vient manger avec entrée, plat, dessert, c'est-à-dire que l'on construit les plats, on construit et on pense les recettes différemment, on apprend à goûter, à simplifier, à enlever un peu de ci pour rajouter un petit peu plus de ça. En somme, d'avoir des choses qui soient beaucoup plus équilibrées, sans oublier le goût. Et c'est ça aussi qui est important. Je pense que le goût, la texture, c'est aussi ce qui va stimuler l'organisme, et on a besoin de ça. On ne veut pas une cuisine qui soit morte, on veut une cuisine qui soit plus vivante, avec des produits qui soient vivants et sans oublier la mâche, le goût et l'intensité.

Bien manger, qu'est-ce que ça signifie pour vous ?

JJMP : Pour moi, c'est de la nourriture fraîche, pas industrielle, pour laquelle il n'y a pas eu beaucoup de procédés pour arriver dans la bouche. Et après, c'est le chef qui doit utiliser tous ces produits pour confectionner de belles recettes. Quoi qu'il en soit, pour moi, le plus important est de manger quelque chose de frais.

DT : Bien manger, pour moi, ça va être le partage. Je dis souvent que le meilleur repas est en compagnie des gens avec qui on le partage. Avoir quelque chose de très positif autour du repas, c'est important. Bien manger, ça tourne autour de la simplicité, du produit, du partage, de la bienveillance. C'est ce qui fait que moi, pour bien manger, peu importe le repas, l'important est toujours ce côté très positif.

Adaptez-vous vos recettes en fonction de la saison, que ce soit la saison sportive ou l'époque de l'année, par exemple, le printemps, l'été, etc. ?

JJMP : Oui, bien sûr. En fait, la périodisation – c'est comme ça que ça s'appelle –, c'est le plus important dans le haut niveau. C'est adapter la nutrition si nous sommes sur une journée de récupération, si c'est la veille d'un match, si un joueur doit prendre ou perdre du poids. Il y a beaucoup de choses pour adapter la nutrition et l'individualisation, c'est très important. On adapte tout le temps.

DT : Nous, on fait toujours très attention à ça, c'est-à-dire qu'on parle de saisonnalité, voire de micro-saisonnalité. Par exemple, les petits pois, même si tu rentres dans la saison, ça ne va durer que quelques semaines, du moins pour les tout petits, très sucrés. Il faut donc être proche du producteur et de nos fournisseurs. C'est être en contact direct avec eux afin qu'ils puissent nous aiguiller, nous conseiller, parce qu'ils sont sur le terrain. Ils sont sur place, ils vont parler, cueillir, faire pousser et ramasser. La saisonnalité, c'est aussi important en tant que consommateur : au fil de la saison, pouvoir goûter du céleri rave l'hiver, goûter des asperges au printemps et des tomates en été.

> **« Bien manger, pour moi, ça va être le partage. Je dis souvent que le meilleur repas est en compagnie des gens avec qui on le partage. »**
>
> David Toutain

Quels sont vos secrets pour qu'un plat soit à la fois gourmand et diététique ?

JJMP : Ah, ça, c'est plutôt pour les chefs ! Ils ont l'imagination pour créer des recettes. D'un point de vue personnel, je sais très bien ce que je veux, et ensuite, je donne la liberté au chef de créer. Le chef doit donc proposer des recettes avec les idées que j'ai en tête ou les projets que je vais réaliser.

DT : De mon côté, c'est important de toujours demander ce que les gens aiment. Qu'est-ce que vous préférez ? Quel est votre aliment préféré ? Votre recette préférée ? Ça peut être quelque chose de l'enfance, ou un souvenir, ou encore quelque chose du partage. Et après, ça peut être du cas par cas. Si la personne adore la mangue par exemple, on va essayer de la mettre en avant. On va avoir tout le côté nutritionnel de celle-ci, des légumes, d'une viande par exemple. Je pense que c'est déjà faire plaisir au maximum. Si tu aimes bien le bœuf, on va essayer d'en mettre, de le sublimer ou de l'équilibrer pour toi. On part du principe qu'on essaye de donner aux joueurs le produit qu'ils affectionnent, et après, on trouve juste des équilibres. Mais c'est toujours le plaisir avant tout, et tout le monde est content de pouvoir goûter son plat préféré !

Comment devient-on nutritionniste de sportifs de haut niveau et chef étoilé en termes de parcours scolaire ?

JJMP : De mon côté, avec des études universitaires. J'ai été footballeur, ça m'a aussi aidé à entrer dans le monde du foot. Je jouais et je poursuivais mes études de nutrition à l'université en Espagne en même temps. Ensuite, j'ai fait des études pour contrôler la qualité des

aliments pendant tous les procédés. Enfin, j'ai suivi une spécialisation dans le sport, avant de décrocher le diplôme du comité olympique international.

DT : Quant à moi, ça a été une école hôtelière classique. CAP, BEP, puis bac pro. Mais ça, je dirais que c'était vraiment la base, à la sortie de l'école. Ensuite, c'est travailler à même le terrain, chez de grands chefs. J'ai eu la chance de faire des belles maisons en France, telles que L'Arpège, Marc Veyrat, L'Ambroisie, Pierre Gagnaire… Après quelques années, j'ai décidé de quitter la France pour m'ouvrir à autre chose. Je suis arrivé en Espagne, au Pays basque espagnol, dans un restaurant qui s'appelle Mugaritz, qui m'a donné l'ouverture d'esprit, la culture. À la suite de ça, je suis parti quelques années vivre à New York, où j'étais chef d'un restaurant qui s'appelait Corton. Après cette expérience, j'ai ouvert un restaurant à Paris, ma première place de chef, vraiment exécutif, où j'ai créé moi-même mes plats. Ensuite, on a décidé de se concentrer vraiment sur l'ouverture de notre restaurant. Et, juste avant le restaurant, pendant un an, on a fait le tour du monde. Ça a démarré en Amérique du Sud et fini

« Je trouve que la cuisine, c'est merveilleux, on est accompagné, on parle beaucoup de transmission, et il s'agit de grandir à travers cette transmission. »

David Toutain.

à Melbourne. On a ouvert beaucoup de dîners de charité, de dîners d'échanges avec d'autres chefs. J'aime beaucoup les cultures étrangères, mais aussi celle de la nourriture, en somme, la culture en général ! Je suis vraiment ouvert à ça. Le voyage m'a permis d'avancer, la culture aussi. Ça me permet de me remettre en question au quotidien pour bien exercer mon travail.

Quels conseils donneriez-vous à des jeunes qui souhaitent s'orienter vers ces métiers ?

JJMP : La première chose, aimer le sport et bien manger, mais aussi faire attention à la santé. Ça, pour moi, c'est d'ailleurs le plus important. Et après, travailler et se former. Quand j'ai terminé mes études, j'ai commencé à travailler… et je ne savais rien. Des premières années, je n'ai pas un très bon souvenir : la pratique, c'est totalement différent de ce que tu apprends à l'université ! Et aussi, il faut essayer de renforcer son côté empathique, les rapports avec les gens, les sportifs, etc. Pour moi, c'est capital dans notre métier : il faut arriver à comprendre les autres personnes.

DT : Quant à moi, je parlerais de motivation et de passion. C'est de commencer au plus bas, d'apprendre les basiques. Parfois, il peut y avoir des tâches un peu ingrates, mais qui sont importantes à apprendre et maîtriser. Après, ça va être tourné autour de l'échange. Je trouve que la cuisine, c'est merveilleux, on est accompagné, on parle beaucoup de transmission, et il s'agit de grandir à travers cette transmission. Voyager aussi, c'est très important. Parfois, on évolue toujours un peu dans le même système : on a l'habitude de faire comme ci ou comme ça, et le voyage permet aussi de s'ouvrir un petit peu, d'apprendre autre chose. En résumé, je dirais la passion, la curiosité, l'envie, ensuite, c'est aux jeunes de jouer !

Pourquoi avoir accepté de relever le défi de confectionner le premier livre de recettes estampillé PSG ?

JJMP : Pour moi, c'est un challenge, une opportunité de montrer notre travail et de recruter des nutritionnistes, des chefs, dans l'avenir. J'aime beaucoup montrer ce que je fais. Parfois, j'ai des stagiaires ou des personnes qui m'appellent… Et moi, j'aime partager mon travail ! J'aime bien montrer à tout le monde ce que je fais, surtout si je peux aider quelqu'un à développer son travail. Donc, quand le PSG m'a proposé de réaliser ce livre, je l'ai vu comme une opportunité de présenter et de renforcer notre travail de la cuisine et également pour l'aspect nutritionnel.

DT : Moi, c'était une remise en question. C'est une cuisine qui est complètement différente. Déjà, ce qui a été important, c'est le gros travail de Juan qui a été fait au cas par cas, joueur par joueur. C'est-à-dire qu'il y a eu un gros travail sur leurs ingrédients préférés, leur culture, tout leur *background*. C'était très important, et Juan est en contact direct avec eux. À la suite de ce questionnaire, cette recherche joueur par joueur, c'était à moi de ne pas partir sur des choses basiques, classiques. Il fallait aussi avoir quelque chose d'un peu stimulant dans les recettes. Par exemple, une salade César végétarienne avec de la framboise et du poivron, c'est stimulant. On va rester sur le végétarien, on veut avoir du goût, on aime la framboise, le poivron… À partir de ça, comment peut-on travailler ces éléments ? Comment faire pour qu'ils fonctionnent ensemble ? Sans que ce soit très compliqué, mais avec tout de même une petite touche, une petite astuce qui permettra que la personne derrière le bouquin se dise : « Tiens, je vais essayer de faire ça, de faire comme ça, mais je n'aime pas forcément la framboise, peut-être que je peux mettre de la fraise ou un fruit rouge avec ou quelque chose comme ça ? » C'est donc une remise en question, une approche qui va tourner autour de l'équilibre, tout en faisant matcher les saveurs entre elles.

« Il y a beaucoup de joueurs étrangers, et ces recettes vont nous faire voyager à travers le monde : spécialités brésiliennes, italiennes, portugaises… »

David Toutain.

Pour le consommateur, au-delà du côté sportif, joueur de foot, il va avoir quelque chose à apprendre d'une recette : des astuces, une pertinence, mais aussi le côté cuisine internationale. Il y a beaucoup de joueurs étrangers, et ces recettes vont nous faire voyager à travers le monde : spécialités brésiliennes, italiennes, portugaises… Pour moi aussi, c'était stimulant d'effectuer des recherches sur le produit, sur ce plat emblématique d'une région ou d'un pays, tout en le transformant un tout petit peu.

Qu'est-ce que le club du PSG représente pour vous ?

JJMP : Pour moi, c'est le meilleur club de France : tout est dit ! Depuis quelques années, on nous a montré que le Paris Saint-Germain est le meilleur club de France. Sans compter que le PSG a gagné son 11e titre de Champion de France, un record ! Travailler dans le meilleur club de France, c'est top !

DT : C'est différent de mon côté. Ça fait 30 ans que je suis supporter en fin de compte ! J'étais supporter devant la télévision avant d'arriver à Paris. C'est une fois sur la capitale que j'ai commencé à aller voir des matchs au Parc. Même si j'ai beaucoup voyagé, j'ai toujours suivi le club de près ou de loin. L'essentiel, c'est la passion du club, l'animosité et l'effervescence autour de ça, que ce soit lors d'un match, d'un entraînement, ou en général… Tout ce qui se passe ! C'est quelque chose de très stimulant pour moi, très positif, et ce qui me plaît. J'aime quand les gens vont voir un match ; ce sont tous à peu près les mêmes, il n'y a plus de classes sociales, plus rien de tout ça, juste le plaisir du maillot et d'encourager. On est contents ensemble, on est tristes ensemble. Il y a beaucoup d'émotions à travers ça, et c'est ça qui me plaît. C'est aussi pour ça que je suis heureux de pouvoir participer au premier livre autour du Paris Saint-Germain et des recettes de joueurs, il y a ce lien affectif du club qui est très important.

Quelle est votre plus belle anecdote liée au PSG ?

JJMP : Je vais parler de Poissy et du nouveau centre d'entraînement. Avant, j'étais dans l'équipe de Monaco, et déjà là-bas, on a fait un changement de centre d'entraînement. On a beaucoup travaillé, c'était dur, mais nous avons réussi à faire quelque chose de bien. Ensuite, je suis parti de Monaco pour venir travailler au PSG. Un an plus tard, nous sommes dans le même projet de changement de centre d'entraînement, mais j'ai l'expérience de ce que j'ai vécu là-bas pour affronter cette période de transition. Mon expérience me permet de savoir ce que je veux. Je connais les erreurs possibles, ce qui va se passer, ça m'a vraiment donné l'expérience pour effectuer le changement du centre d'entraînement du côté restaurant, nutrition, et que ce soit le meilleur possible. Donc, c'est vrai que ça, c'est un challenge pour moi, mais je suis tranquille parce que je sais comment je dois faire.

DT : J'ai deux anecdotes à raconter. La première, c'est le tout premier match de Ronaldinho. C'était l'une des premières fois que j'allais voir un match de foot, et ça m'avait choqué positivement. J'avais trouvé le joueur exceptionnel. Ce qui sortait du terrain, c'était assez fort.

« J'ai rencontré Kylian Mbappé lorsqu'il avait 16 ans et qu'il jouait à Monaco. Je lui ai appris à bien manger. »

Juan José Morillas Pedreño.

La seconde anecdote, c'était un peu « pris aux tripes ». C'était lorsque Kylian Mbappé est devenu le meilleur buteur du Paris Saint-Germain. On a eu la chance d'être présents ce jour-là. C'était contre Nantes. Il y a un but à la 90e ou la 92e minute, quelque chose du genre, et ça prend un peu aux tripes. Il y avait une telle effervescence, c'était la réunion de tous les supporters, des joueurs, du staff, et je trouve que c'est quelque chose de très positif. Ce qui me plaît à travers ces messages-là, c'est que tu sors en faisant rêver beaucoup de gens. C'est presque gratuit en fin de compte, et ça donne du baume au cœur à de nombreuses personnes. Je suis certain que, quand ces personnes sont rentrées chez elles, ça a dynamisé les choses pour elles, et je pense que le sport en général est très important pour le côté psychologique, surtout en ce moment.

JJMP : Vous savez que j'ai rencontré Kylian Mbappé lorsqu'il avait 16 ans et qu'il jouait à Monaco. Je lui ai appris à bien manger. Ensuite, il est venu au Paris Saint-Germain et je l'ai retrouvé ici. Je me suis dit : « On va voir si Kylian mange bien… » Eh bien, il s'est beaucoup amélioré !

Un dernier mot pour les personnes qui s'apprêtent à déguster votre ouvrage ?

JJMP : Pour moi, c'est un plaisir de travailler sur ce projet avec David.

DT : Plaisir partagé, plaisir de communiquer avec Juan, plaisir de faire découvrir des saveurs, des goûts, de rentrer dans le côté très sportif, mais aussi un petit peu dans le quotidien des joueurs, de découvrir ce qu'ils mangent avant un match ou après, pour recevoir des amis, quel est leur plat préféré. Et puis, ce que j'ai envie de dire, c'est : « Faites les recettes à la maison, testez, mais n'hésitez surtout pas à les changer un tout petit peu. » Une recette, ça n'est pas exact en fin de compte, n'hésitez pas à enlever ci, rajouter ça, rajouter un peu de menthe par ci, enlever un peu de ci par-là. Une recette, il faut jouer avec. C'est assez malléable. Si vous préférez mettre un tour de moulin de poivre sur votre viande, n'hésitez surtout pas, et ce n'est encore une fois que des bases.

JJMP : Le questionnaire que vous m'avez donné pour connaître les goûts des joueurs pour la réalisation de ce livre m'a aussi beaucoup aidé à connaître certaines choses que j'ignorais d'eux, comme « Le dessert que tu mangeais quand tu étais petit avec ta grand-mère ». Je n'avais jamais posé cette question aux joueurs avant ! Le fait d'avoir des informations comme ça, c'est top, parce que ça crée un bon rapport avec les joueurs, presque de familiarité.

DT : Oui, presque familier, parce que quand tu commences à poser des questions comme « Quand tu étais petit, tu mangeais quoi ? » et « Avec ta grand-mère, qu'est-ce que tu mangeais ? », tu peux casser le côté un peu professionnel, pour le boulot.

JJMP : Oui, un joueur m'a dit : « Quand j'étais chez ma grand-mère, elle me cuisinait une spécialité portugaise. » On a donc commencé une conversation plus personnelle et moins professionnelle, et ça, c'est bien.

DT : C'est vrai que c'est ça aussi qui m'a permis de créer ces recettes. On a essayé de demander le maximum à chacun : ça peut être un souvenir d'enfance, un péché mignon, etc. On n'est pas rentré dans quelque chose de très formel en fin de compte, on s'est ouvert à la cuisine, et grâce à tous ces éléments, tous ces produits ou ces souvenirs qu'on a pu récolter, on a essayé de construire des recettes autour de ça, qu'on a un tout petit peu améliorées afin de les retransmettre aux lecteurs.

PARIS
QATAR AIRWAYS
33

GIANLUIGI DONNARUMMA

IL MAESTRO

Nationalité :
italienne

Région d'origine :
Campanie

N° de maillot :
99

Poste :
gardien de but

Date de naissance :
25/02/1999

Ingrédient phare :
parmesan

Ustensile utile :
râpe à fromage

Épice favorite :
safran

« Gigio » Donnarumma découvre le football à Castellamare di Stabia, près de Naples, véritable terre du ballon rond... et de la pizza ! Le portier du Paris Saint-Germain vous emmène sur les collines du Vésuve pour apprécier la richesse de la cuisine italienne.

QATAR
AIRWAYS
99

Salade de penne bresaola

Portions :
4 personnes
Type de plat :
plat principal
Cuisine :
italienne

Temps de préparation :
15 minutes
Temps de cuisson :
10 minutes
Temps total :
25 minutes

AUTOUR DE LA VIANDE

LA COMPO

- 250 g de penne
- 125 g de tranches de bresaola
- 100 g de copeaux de parmesan
- 150 g de tomates cerises multicolores
- 50 g de tomates confites
- 1 botte de basilic
- 50 g d'olives
- 100 g de roquette
- 50 g de pignons de pin
- 100 g d'huile d'olive
- 35 g de vinaigre balsamique

LES ÉTAPES

- Dans une casserole, faites bouillir 2,5 litres d'eau salée. Plongez les penne et remuez-les fréquemment durant les 3 premières minutes pour éviter qu'elles ne collent entre elles. Cuisez les pâtes le temps indiqué sur le paquet pour une cuisson *al dente*. Égouttez-les et ajoutez l'huile d'olive. Laissez-les refroidir au réfrigérateur.
- Égouttez les tomates confites, coupez-les en morceaux et réservez.
- Lavez et taillez en deux les tomates cerises multicolores et réservez. Lavez la roquette et réservez-la.
- Torréfiez les pignons de pin au four 6 minutes à 160 °C et réservez.
- Taillez les olives en deux et réservez.
- Mélangez les pâtes refroidies, les tomates confites, les tomates cerises, les olives, les copeaux de parmesan et la roquette.
- Réalisez une vinaigrette à l'aide d'un fouet en mélangeant le vinaigre balsamique, le sel et le poivre, puis en versant lentement l'huile d'olive.

* Dressage

Effeuillez et lavez le basilic, hachez-en la moitié.
Avant de déguster, mélangez la salade de pâtes avec la vinaigrette et le basilic haché, et dressez-la dans un plat.
Placez les tranches de bresaola en volume.
Décorez de pignons de pins et de feuilles de basilic.

PARIS
QATAR
AIRWAYS

Arancini sauce tomate anchois

Portions : **4 personnes**
Type de plat : **plat principal**
Cuisine : **italienne**

Temps de préparation : **1 heure 30**
Temps de repos : **1 heure**
Temps de cuisson : **45 minutes**
Temps total : **3 heures 15**

AUTOUR DU POISSON

LA COMPO

✱ Sauce tomate
- 1 oignon
- 2 gousses d'ail
- 400 g de concentré de tomates
- 3 tomates
- 1 bouquet garni de thym citron et de laurier

✱ Risotto
- 350 g de riz arborio
- 20 cl d'huile d'olive
- 500 ml d'eau
- 2 g de sel
- 60 g d'anchois salés
- 100 g de beurre froid
- 150 g de parmesan
- 10 feuilles de basilic

✱ Crème parmesan
- 100 g de crème fraîche épaisse
- 75 g de parmesan râpé

✱ Arancini
- 150 g de farine
- 4 œufs
- 1 L d'huile de colza
- 400 g de chapelure

- Matériel necessaire : friteuse

LES ÉTAPES

✱ Sauce tomate
Émincez finement l'ail et l'oignon avant de les faire revenir dans un peu d'huile.
Une fois dorés, ajoutez la pulpe de tomates et les quartiers de tomates fraîches.
Cuisez à feu doux 30 minutes avec le bouquet garni.
Mixez et mettez de côté.

✱ Risotto
Nacrez le riz dans une casserole avec un filet d'huile d'olive.
Quand le riz devient légèrement transparent, ajoutez un peu d'eau chaude et une pincée de sel.
Versez ensuite un peu de sauce tomate et les anchois hachés.
Cuisez à feu doux pendant 12 à 14 minutes, en ajoutant progressivement l'eau et la sauce tomate.
Quand le riz est cuit, retirez du feu et ajoutez le beurre et le parmesan coupé en petits cubes, ainsi que le basilic haché.
Remuez bien et placez le risotto dans une assiette pour qu'il refroidisse 3 ou 4 heures au réfrigérateur.

✱ Crème au parmesan
Dans une casserole, faites bouillir la crème afin qu'elle réduise de moitié avant d'ajouter le parmesan râpé.
Mélangez à l'aide d'une cuillère et laissez sur le feu jusqu'à ce que le fromage soit totalement fondu.
Versez la crème dans des moules à glaçons, puis réservez au congélateur jusqu'à ce qu'elle soit complètement prise.
Démoulez et réservez.

✱ Arancini

Sortez le risotto du réfrigérateur et formez des boules de 85 g environ.
Déposez le glaçon de crème de parmesan au centre de la boule.
Préparez une panure à l'anglaise avec la farine, les œufs battus en omelette et de chapelure dans trois assiettes différentes. Prenez les boules de riz, roulez-les d'abord dans la farine, puis les œufs, et enfin dans la chapelure. Répétez la procédure deux fois et mettez au réfrigérateur pendant au moins une heure, tout en préparant l'huile pour la friture. Lorsqu'elle atteint une température de 175 °C, elle est prête à frire les arancini.
Plongez les arancini dans l'huile et laissez-les jusqu'à obtenir une coloration dorée.

✱ Dressage

Disposez la sauce tomate dans le centre de l'assiette sur laquelle viendront se placer les arancini.
Décorez avec quelques anchois et des feuilles de basilic.

L'AVIS DU NUTRITIONNISTE

Les arancini sont une recette typiquement sicilienne. Les anchois permettent de les enrichir en minéraux et oligo-éléments, importants pour le sportif et sa santé osseuse, tels que le calcium, le phosphore, ainsi qu'en vitamines liposolubles, telles que les vitamines A et D.

Melanzane à la parmigiana

Portions :
4 personnes

Type de plat :
plat principal

Cuisine :
italienne

Temps de préparation :
40 minutes

Temps de cuisson :
25 minutes

Temps total :
1 heure 05

100% VÉGÉTARIEN

LA COMPO

- 3 aubergines
- 50 g de farine
- 1 L d'huile de tournesol
- 300 g de sauce tomate
- 100 g de parmesan
- 150 g de mozzarella
- 1 botte de basilic

- Matériel nécessaire : friteuse, mandoline

LES ÉTAPES

- Lavez les aubergines avant de les couper dans la longueur à l'aide d'une mandoline pour former des lamelles.
- Mettez l'huile à chauffer à 170 °C.
- Panez les lamelles d'aubergines dans la farine et mettez-les à frire jusqu'à obtenir une légère coloration. Déposez-les sur une feuille d'essuie-tout, salez et poivrez.
- Râpez le parmesan et taillez la mozzarella en cubes de 2 cm.
- Lavez et effeuillez le basilic. Réservez.

✱ Dressage

Préchauffez le four à 180 °C.
Dans un plat à gratin, effectuez le montage par couches en commençant par la sauce tomate.
Recouvrez de lamelles d'aubergines, disposez quelques feuilles de basilic, saupoudrez de parmesan râpé et terminez avec quelques cubes de mozzarella.
Renouvelez cette étape quatre fois.
Enfournez pendant 20 minutes.

Salade de courgettes • coriandre • pignons de pin

Portions :
4 personnes
Type de plat :
plat principal
Cuisine :
italienne

Temps de préparation :
35 minutes
Temps de cuisson :
16 minutes
Temps total :
51 minutes

100% VÉGÉTARIEN

LA COMPO

✱ Purée de courgettes

- 250 g de courgettes vertes
- 25 g de beurre doux
- 75 g de crème fraîche
- 75 ml de lait
- 2 g de sel fin
- 4 g de basilic

✱ Huile au basilic

- 100 g d'huile de colza
- 15 g de basilic
- 2 g d'épinards

✱ Salade de courgettes

- 8 mini courgettes vertes
- 8 mini courgettes blanches
- 50 g de pignons de pin
- 20 g de coriandre
- 5 cl d'huile d'olive
- 2 g de fleur de sel

✱ Dressage

- 2 mini courgettes
- Le zeste d'un citron vert
- 1 botte de coriandre

LES ÉTAPES

✱ Purée de courgettes

Émincez les courgettes, puis faites-les suer dans une poêle avec le beurre pendant 5 minutes.
Mouillez avec la crème et le lait, et laissez mijoter 10 minutes.
Mixez le mélange avec du sel et le basilic, et passez-le au chinois pour obtenir une purée bien lisse.
Laissez refroidir.

✱ Huile au basilic

Faites chauffer l'huile de colza à 60 °C (utilisez un thermomètre de cuisson) avant d'ajouter le basilic et les épinards.
Laissez refroidir avant de mixer et de passer au chinois.

✱ Salade de courgettes

Coupez les mini courgettes en petits dés et hachez la coriandre.
Assaisonnez les courgettes avec de la fleur de sel et de l'huile d'olive et parsemez de coriandre hachée.
Torréfiez les pignons de pin dans le four préchauffé à 160 °C pendant 6 minutes.

✱ Dressage

À l'aide d'une mandoline, coupez de fines lamelles de mini courgettes.
Déposez la purée au centre de l'assiette et arrosez-la de quelques gouttes d'huile parfumée au basilic.
Disposez la salade de courgettes par-dessus, ainsi que les fines tranches coupées à la mandoline. Parsemez de pignons et saupoudrez de fleur de sel, de zestes de citron vert et de quelques pluches de coriandre.
Dégustez sans attendre.

Quiche aux poireaux comté

Portions : **4 personnes**
Type de plat : **plat principal**
Cuisine : **française**

Temps de préparation : **50 minutes**
Temps de repos : **30 minutes**
Temps de cuisson : **45 minutes**
Temps total : **2 heures 05**

100 % VÉGÉTARIEN

LA COMPO

✱ Pâte
- 2 g de sel fin
- 8,5 g d'eau
- 84 g de farine T55
- 37,5 g de beurre doux
- 25 g d'œufs

✱ Garniture
- 30 g d'huile d'olive
- 200 g de poireaux
- 3 œufs
- 75 ml de lait entier
- 50 g de crème fraîche épaisse
- 20 g de beurre doux
- 5 g de farine
- 30 g de comté râpé
- 2 g de sel fin

✱ Dressage
- 20 g de poireaux
- 15 g de comté

LES ÉTAPES

✱ La pâte
Versez dans un saladier la farine et le sel. Coupez le beurre en petit morceaux. Effritez et travaillez le mélange à la main puis ajoutez progressivement l'eau tout en mélangeant jusqu'à l'obtention d'une boule. Laissez reposer la pâte pendant 30 minutes puis étalez-la sur le moule. Piquez à l'aide d'une fourchette à plusieurs endroits.

✱ La garniture
Épluchez les poireaux, rincez-les bien puis émincez-les. Chauffez l'huile dans une sauteuse, ajoutez les poireaux puis laissez cuire 10 minutes en remuant souvent. Dans un saladier, fouettez les œufs avec la crème et le lait. Ajoutez le comté râpé, le beurre fondu, la farine, le sel et la fondue de poireaux.

✱ Dressage
Coupez le poireau en fine julienne et le comté en fines tranches. Une fois cuite, coupez la quiche en quatre.
Déposez une part sur chaque assiette avec quelques lamelles de poireau et de comté.

Salade de pastèque au safran

LA COMPO

AUTOUR DU FRUIT

- 1 belle pastèque

⁎ Sirop de safran

- 250 ml d'eau
- 75 g de sucre
- 5 pistils de safran
- 10 g de jus de citron

Portions : **8 personnes**

Type de plat : **dessert**

Cuisine : **italienne**

Temps de préparation : **25 minutes**

Temps de repos : **une nuit**

Temps de cuisson : **5 minutes**

Temps total : **30 minutes**

LES ÉTAPES

⁎ Sirop de safran

Faites bouillir le sucre et l'eau.
Une fois le mélange arrivé à ébullition,
ajoutez le safran et le jus de citron hors du feu et laissez refroidir.
En attendant que le sirop refroidisse, réalisez des billes de pastèque à l'aide d'une cuillère à pomme parisienne.

⁎ Dressage du dessert

Disposez dans un saladier les billes de pastèque avant de les arroser du sirop de safran.
Laissez mariner toute une nuit au réfrigérateur pour que le fruit s'imprègne du parfum.
Dégustez très frais le lendemain.

Crostata aux agrumes

Le plat d'enfance de **Gianluigi**

Portions : **8 personnes**
Type de plat : **dessert**
Cuisine : **italienne**

Temps de préparation : **15 minutes**
Temps de repos : **20 minutes**
Temps de cuisson : **4 heures**
Temps total : **4 heures 35**

PÂTISSERIE

LA COMPO

- 300 g de farine
- 130 g de beurre
- 125 g de sucre
- 1 pot de confiture de citron bio
- Le zeste d'un citron jaune bio
- Basilic frais

LES ÉTAPES

* Fond de tarte

Mélangez la farine, le beurre et le sucre et formez une boule de pâte.
Mettez-la au frais pendant 4 heures dans une boîte afin qu'elle ne s'imprègne pas des odeurs du réfrigérateur.
Étalez la pâte avec un rouleau à pâtisserie pour qu'elle vienne épouser un cercle à tarte pour 8 personnes.
Mettez de côté les restes de pâte.

* Garniture

Préchauffez le four à 170 °C.
Étalez la confiture de citron sur la pâte et ajoutez quelques zestes.
Utilisez le rouleau à pâtisserie pour aplatir le reste de pâte et former des bandes qui viendront recouvrir le dessert.
Enfournez à 170 °C pendant 20 minutes et laissez la tarte refroidir.

* Dressage du dessert

Lorsque la tarte est froide, rebouchez les quelques trous qu'il reste avec la confiture de citron et disposez des pluches de basilic par-dessus.

HAKIMI
2
MAILLO

QATAR AIRWAYS
SG HOME 23

VITINHA

ENTRE TERRE ET MER

Nationalité :
portugaise

Région d'origine :
district de Porto

N° de maillot :
17

Poste :
milieu de terrain

Date de naissance :
13/02/2000

Ingrédient phare :
brocoli

Ustensile utile :
plat à tarte

Épice favorite :
piment

Depuis qu'il s'est installé à Paris à l'été 2022, c'est dans l'assiette que Vitinha garde un lien précieux avec la terre qui l'a vu grandir : le Portugal. Une cuisine marquée par différentes inspirations, conviviale et étonnante.

QATAR
AIRWAYS
17

Brocoli rôti au piment roquette

Portions :
4 personnes

Type de plat :
plat principal

Cuisine :
française

Temps de préparation :
30 minutes

Temps de cuisson :
15 minutes

Temps total :
45 minutes

100% VÉGÉTARIEN

LA COMPO

- 1 tête de brocoli
- 125 g de beurre demi-sel
- 25 g de piment rouge
- 25 g de piment vert
- Fleur de sel
- Poivre du moulin
- 50 g de roquette

LES ÉTAPES

- Préchauffez le four à 180 °C et préparez les ingrédients. Sortez le beurre du réfrigérateur pour qu'il ne soit pas trop dur.
  Lavez le brocoli à l'eau et taillez le pied pour qu'il soit bien droit.
- Mettez de l'eau très salée à bouillir dans un grand faitout et plongez-y la tête de brocoli 30 secondes. Puis récupérez le légume avec une écumoire pour le plonger dans de l'eau et des glaçons. Cela permet de fixer la belle couleur verte du brocoli.
- Réalisez le beurre de piment en mixant les piments avec le beurre pommade.
- Posez le brocoli dans un plat allant au four. Bloquez le légume pour qu'il reste bien droit pendant la cuisson.
  Badigeonnez le brocoli de beurre de piment et enfournez le plat 15 minutes.
- En parallèle, équeutez la roquette avant de la passer à l'eau claire. Essorez-la délicatement.

* Dressage

Posez le brocoli rôti dans un joli plat de service, assaisonnez de fleur de sel et d'un tour de moulin à poivre, avant de décorer de quelques feuilles de roquette.
Dégustez sans attendre.

Carne de porco à l'alentejana

Portions : **4 personnes**

Type de plat : **plat principal**

Cuisine : **portugaise**

Temps de préparation : **45 minutes**

Temps de cuisson : **30 minutes**

Temps de repos : **1 heure**

Temps total : **2 heures 15**

AUTOUR DE LA VIANDE

LA COMPO

- 400 g de filet mignon de porc
- 400 g de pommes de terre
- 1 oignon
- 1 feuille de laurier
- 1 branche de coriandre
- 300 g de palourdes
- 200 ml de vin blanc
- 2 gousses d'ail
- Paprika en poudre
- 20 cl d'huile
- Gros sel

LES ÉTAPES

- Dessablez les palourdes dans un grand récipient rempli de 3 litres d'eau froide, et ajoutez une cuillère à café de gros sel. Si vous n'avez pas de grand faitout, procédez de la même façon dans un grand saladier et n'ajoutez qu'une cuillerée à café de gros sel.
  Laissez les palourdes dégorger pendant le reste de la réalisation de la recette.
- Coupez la viande de porc en morceaux réguliers de 3 cm environ.
  Faites mariner la viande avec les gousses d'ail épluchées et hachées, la feuille de laurier, une cuillère à soupe de paprika, et ajoutez une pincée de poivre et de sel. Ajoutez le vin blanc et mélangez la marinade avec la viande pour qu'elle s'imprègne bien.
  Laissez reposer au réfrigérateur pendant 1 heure.
- Changez l'eau des palourdes.
- Épluchez les pommes de terre. Lavez-les avant de les tailler en morceaux réguliers. Dans une sauteuse, faites-les revenir dans de l'huile d'olive jusqu'à leur cuisson complète, puis réservez.
- Récupérez les morceaux de viande et réservez la marinade. Dans une grande casserole préalablement chauffée avec 2 cuillères à soupe d'huile d'olive, faites dorer les morceaux sur toutes les faces. Ajoutez l'oignon épluché et haché, et laissez cuire.
- Raclez bien le fond et les parois de la casserole pour récupérer les sucs de cuisson. Ajoutez 1 cuillère à soupe de paprika et faites revenir avec le reste de la préparation. Versez la marinade dans la casserole et laissez mijoter à feu moyen pendant 10 minutes à couvert.
- Ajoutez ensuite les palourdes égouttées. Laissez-les s'ouvrir et poursuivez la cuisson 5 minutes sans couvercle.
- Pendant ce temps, réchauffez les pommes de terre.

* Dressage

Effeuillez une branche de coriandre. Mettez les plus belles feuilles de côté, avant de ciseler le reste.
Servez les pommes de terre sautées avec la viande et les palourdes, le tout nappé de la sauce de cuisson.
Ajoutez la coriandre fraîche ciselée dessus au moment de servir.

Francesinha

Portions :
4 personnes
Type de plat :
plat principal
Cuisine :
portugaise

Temps de préparation :
25 minutes
Temps de cuisson :
10 minutes
Temps total :
35 minutes

SNACKING

LA COMPO

- 1 laitue iceberg
- 2 tomates
- 3 œufs
- 4 tranches de jambon
- 1 saucisson à l'ail
- 240 g de steak haché
- 1 jaune d'œuf
- 15 g de moutarde
- 200 g d'huile de colza
- 10 g de jus de citron
- ½ oignon
- 1 gousse d'ail
- 10 g de concentré de tomates
- 100 g de pulpe de tomates
- 10 g de harissa
- 330 ml de bière
- 30 ml de porto
- 2 feuilles de laurier
- 1 branche de thym
- Sel et poivre
- 16 tranches de cheddar
- 12 tranches de pain de mie

LES ÉTAPES

- Faites bouillir de l'eau dans une casserole, puis ajoutez les trois œufs. Laissez-les cuire 11 minutes. Retirez les œufs et placez-les dans de l'eau avec des glaçons pour stopper la cuisson.
  Écalez les œufs, puis taillez-les afin d'obtenir de jolies tranches. Réservez.
- Lavez les tomates et la laitue iceberg. Taillez les tomates en rondelles et effeuillez la laitue iceberg. Réservez.
- À l'aide d'un fouet, mélangez le jus de citron, la moutarde, le jaune d'œuf et une pincée de sel. Une fois un mélange homogène obtenu, montez la mayonnaise à l'huile en la versant lentement, toujours à l'aide d'un fouet. Assaisonnez. La mayonnaise doit avoir une texture onctueuse, mais ferme. Réservez au frais.
- Enlevez la peau du saucisson à l'ail et coupez-le en rondelles ni trop épaisses ni trop fines (environ un demi-centimètre). Réservez.
- Formez quatre boulettes de 60 g de steak haché, et aplatissez-les entre deux papiers cuisson, à l'aide du dessous d'une casserole. Colorez rapidement les deux faces des steaks à feu vif (veillez à bien garder le gras de cuisson). Assaisonnez et réservez.
- Préparez la sauce. Récupérez le gras de cuisson des steaks hachés. Épluchez l'oignon et l'ail, émincez l'oignon et hachez l'ail.
  Dans une casserole, faites revenir l'oignon et l'ail dans le gras du steak haché. Ajoutez le concentré de tomates. Faites bien revenir le tout, et terminez en ajoutant la harissa. Attention à bien remuer pour que cela ne colle pas au fond de la casserole.
  Ajoutez le porto et la bière au mélange et laissez réduire le liquide de trois quarts. Versez ensuite la pulpe de tomates et un peu d'eau, ainsi que le laurier et le thym.
  Laissez cuire à feu doux pendant 20 minutes.
  Pour terminer la sauce, mixez le tout dans un blender, en retirant au préalable le laurier et le thym. Afin d'obtenir une sauce bien lisse, il est préférable de la passer au chinois. Rectifiez l'assaisonnement.

* Dressage

Commencez par faire toaster les tranches de pain de mie au four à 180 °C sur position grill pendant 5 minutes. Disposez devant vous toutes les préparations réalisées à l'avance.

Le montage de la francesinha débute par une tranche de pain de mie, puis par la tomate, un peu de mayonnaise, le steak haché, deux tranches de cheddar et le saucisson à l'ail, afin de recouvrir la totalité de la surface. Pour terminer le premier étage, ajouter les tranches d'œuf et la laitue iceberg.

Commencez le deuxième étage avec le jambon et une tranche de tomate, ajoutez un peu de mayonnaise et terminez par la laitue iceberg.

Recouvrez d'une tranche de pain de mie, puis disposez deux tranches de cheddar sur le dessus.

Piquez les francesinhas avec des bâtonnets en bois afin qu'elles restent bien droites.

Pour terminer, faites fondre le reste du cheddar et versez-le sur le dessus des francesinhas.

Servez la sauce à part dans une saucière.

Brandade de morue

Portions : **4 personnes**

Type de plat : **plat principal**

Cuisine : **portugaise**

Temps de préparation : **45 minutes**

Temps de repos : **24 heures**

Temps de cuisson : **50 minutes**

Temps total : **1 heure 35**

LA COMPO

- 500 g de morue
- 500 g de pommes de terre
- 2 gousses d'ail
- 50 g d'huile d'olive
- 1 bouquet garni
- 200 ml de lait entier
- 1 botte de persil
- 1 botte de ciboulette
- 100 g de pain de seigle

AUTOUR DU POISSON

LES ÉTAPES

- Un jour avant, coupez la morue en tronçons et plongez-la dans l'eau pour la dessaler. Changez l'eau régulièrement.
- Le jour même, épluchez et cuisez les pommes de terre dans de l'eau froide salée. Comptez 15 à 20 minutes de cuisson après le début de l'ébullition.
  Écrasez les pommes de terre à l'aide du presse-purée et ajoutez-y de l'huile d'olive.
- Plongez la morue dans le lait avec le bouquet garni et les deux gousses d'ail en chemise. Après ébullition, filtrez et récupérez la morue pour l'émietter à la fourchette.
- Faites toaster les tranches de pain de seigle dans un four préchauffé à 160 °C pendant 10 minutes. Laissez le pain refroidir avant de mixer pour obtenir une fine chapelure.
- Mélangez la morue et l'écrasée de pommes de terre avec de la ciboulette et du persil ciselés. Rectifiez l'assaisonnement.
- Faites préchauffer le four à 180 °C.
  Disposez le mélange morue et pommes de terre dans un plat à gratin et recouvrez de chapelure.
  Ajoutez des copeaux de beurre et enfournez pendant 20 minutes afin d'obtenir une belle croûte dorée.

Souris d'agneau cocotte

Portions : **4 personnes**
Type de plat : **plat principal**
Cuisine : **française**

Temps de préparation : **30 minutes**
Temps de cuisson : **3 heures**
Temps total : **3 heures 30**

AUTOUR DE LA VIANDE

LA COMPO

- 4 souris d'agneau
- 2 oignons
- 2 carottes
- 4 gousses d'ail
- 1 branche de thym
- 1 branche de romarin
- 2 feuilles de laurier
- 50 cl de bouillon de légumes
- 50 g + 75 g de beurre
- 1 kg de pommes de terre
- 20 cl de crème
- 70 cl de lait
- 1 branche de persil

LES ÉTAPES

- Dans une cocotte en fonte, faites revenir les souris d'agneau dans un peu d'huile. Retournez-les régulièrement afin d'obtenir une belle coloration uniforme.
- Pendant ce temps-là, épluchez les oignons et 2 gousses d'ail, puis découpez-les en fines lamelles ; épluchez les carottes et taillez-les en rondelles.
- Ajoutez les oignons aux souris d'agneau, puis les carottes et les gousses d'ail en lamelles. Salez et poivrez, puis déposez les feuilles de laurier et la branche de thym et de romarin.
- Déglacez à l'eau, puis recouvrez de 50 g de beurre et d'un filet d'huile.
  Couvrez et poursuivez la cuisson à feu vif jusqu'à l'apparition d'un léger bouillon, puis laissez mijoter 2 heures à feu doux sans mélanger.
- Pendant ce temps, épluchez, lavez et coupez les pommes de terre en rondelles fines. Attention à ne pas les laver après les avoir coupées, car c'est l'amidon qui fait que le gratin aura une bonne tenue après cuisson.
- Épluchez et hachez 2 gousses d'ail. Portez à ébullition le lait, l'ail, deux pincées de sel, une pincée de poivre, puis plongez les pommes de terre en faisant attention qu'elles ne se collent pas entre elles. Laissez cuire 10 à 15 minutes selon leur fermeté.
- Préchauffez le four à 180 °C. Beurrez les parois du plat à gratin. Égouttez les pommes de terre et placez-les dans le plat. Recouvrez-les de crème et ajoutez 75 g de beurre en noisette. Cuisez au four pendant 1 heure.

* Dressage

Équeutez, lavez et hachez le persil.
Laissez les souris d'agneau dans la cocotte et décorez-les de persil haché. Présentez le gratin dans son plat.

QATAR
AIRWAYS
17
PARIS
KIPSTA

Le plat d'enfance de
Vitinha

Torta de yogurt huile d'olive

Portions :
8 personnes

Type de plat :
dessert

Cuisine :
portugaise

Temps de préparation :
15 minutes

Temps de cuisson :
35 minutes

Temps total :
50 minutes

LA COMPO

- 1 yaourt nature
- 2 pots de yaourt de farine
- 2 pots de yaourt de sucre
- ½ pot de yaourt d'huile d'olive
- 3 œufs
- 1 sachet de sucre vanillé
- ½ sachet de levure chimique
- 1 pincée de fleur de sel
- Huile d'olive première pression à froid

LES ÉTAPES

- Préchauffez le four à 180 °C.
- Dans un grand saladier, versez le contenu du pot de yaourt.
- Puis ajoutez dans l'ordre, en mélangeant bien entre chaque ajout : les sucres, les œufs, un par un, la farine, la levure, le sel et l'huile.
- Versez la préparation dans un moule rond préalablement beurré et mettez à cuire pendant 35 minutes.

✱ Dressage du dessert

Dégustez votre part de gâteau avec un peu d'huile d'olive première pression à froid.

PÂTISSERIE

L'AVIS DU NUTRITIONNISTE

Idéal à consommer en tant que collation sportive, ce dessert savoureux assure la bonne quantité d'hydrates de carbone et de protéines avant l'entraînement, ou après pour la récupération.

Tarte en gelée

PÂTISSERIE

Portions :
8 personnes

Type de plat :
dessert

Cuisine :
portugaise

Temps de préparation :
45 minutes

Temps de repos :
une nuit + 2 ou 3 heures

Temps de cuisson :
20 minutes

Temps total :
1 heure 05

LA COMPO

✱ Pâte sucrée

- 240 g de beurre
- 160 g de sucre glace
- 50 g de poudre d'amandes
- 1 pincée de sel fin
- 2 œufs
- 400 g de farine

- Matériel nécessaire : robot pâtissier

✱ Sirop de framboises

- 200 ml d'eau
- 50 g de sucre
- 100 g de purée de framboises
- 3 feuilles de gélatine
- 50 g de framboises par personne

LES ÉTAPES

✱ Pâte sucrée

Versez tous les ingrédients dans le batteur, puis mélangez à la feuille pendant 2 minutes. Une fois la boule de pâte bien formée, étalez-la en rond sur environ 2 mm d'épaisseur. Réservez au frais pendant 2 ou 3 heures.
Cuisez votre pâte sucrée en cercle pendant 15 minutes dans un four préalablement chauffé à 165 °C.

✱ Sirop de framboises

Dans une casserole, faites bouillir l'eau et le sucre.
Hors du feu, ajoutez la gélatine préalablement ramollie dans de l'eau froide, ainsi que la purée de framboises.
Mélangez pour obtenir un sirop homogène.

✱ Dressage du dessert

Dans votre fond de tarte, disposez les framboises fraîches avant de verser le sirop tiède à rebord. Laissez la tarte reposer une nuit au réfrigérateur et dégustez-la le lendemain.

QATAR
AIRWAYS
17

YS

OUSMANE DEMBÉLÉ

100 % PUR BEURRE

Nationalité :
française

Région d'origine :
Normandie

N° de maillot :
10

Poste :
attaquant

Date de naissance :
15/05/1997

Ingrédient phare :
poisson

Ustensile utile :
machine à pâtes

Épice favorite :
safran

Leader technique, dribbleur de génie et bon vivant : le nouveau n° 10 parisien est prêt à enflammer la capitale ! « Dembouz » grandit à Évreux en Normandie, avant de s'envoler vers les tapas et le soleil espagnol, puis de revenir en France en 2023.

QATAR
AIRWAYS
PARIS
10

Lasagnes

Portions :
4 personnes

Type de plat :
plat principal

Cuisine :
italienne

Temps de préparation :
35 minutes

Temps de cuisson :
50 minutes

Temps total :
1 heure 25

AUTOUR DE LA VIANDE

LA COMPO

- 250 g de bœuf haché
- ½ oignon
- 500 g de pulpe de tomates en conserve
- 1 gousse d'ail
- 6 feuilles + 20 feuilles de basilic
- 1 cuillère à café d'huile d'olive
- 40 g + 25 g de beurre
- 40 g de farine
- 500 ml de lait
- 1 cuillère à café de noix de muscade râpée
- 75 g de parmesan
- 2 mozzarellas
- 1 paquet de pâtes à lasagnes

LES ÉTAPES

- Épluchez l'oignon et la gousse d'ail, émincez-les finement et faites-les revenir dans une casserole à feu doux avec une cuillère à café d'huile d'olive, jusqu'à ce que les oignons soient translucides.
- Ajoutez le bœuf haché et laissez-le cuire quelques minutes. Terminez en ajoutant la pulpe de tomates. Laissez réduire doucement une vingtaine de minutes.
- Assaisonnez avec du sel, du poivre et 6 feuilles de basilic haché.
- Pour préparer la sauce béchamel, il faut faire un roux : faites fondre 40 g de beurre dans une casserole, puis ajoutez la farine hors du feu et mélangez au fouet afin d'obtenir une pâte qui colle légèrement au fond de la casserole.
  Ajoutez le quart du lait, et fouettez énergiquement pour éviter la formation de grumeaux. Versez ensuite le reste du lait.
  Replacez sur feu doux et laissez épaissir quelques minutes, tout en mélangeant régulièrement.
  Salez, poivrez et parfumez avec la noix de muscade.
- Râpez le parmesan et réservez-le pour la suite de la recette.
- Taillez des cubes de mozzarella et réservez-les pour la suite de la recette.

✱ Dressage

Dans un moule à gratin, graissez les parois à l'aide de 25 g de beurre.
Commencez le montage des lasagnes avec une couche de sauce tomate et de bœuf, une couche de pâtes à lasagnes et une couche de béchamel.
Saupoudrez de parmesan, ajoutez quelques cubes de mozzarella, et pour finir des feuilles de basilic.
Renouvelez ces étapes jusqu'à épuisement des ingrédients, en terminant par une couche de béchamel que vous recouvrirez de parmesan râpé et de mozzarella.
Enfournez les lasagnes pendant 30 minutes à 180 °C jusqu'à obtenir une belle croûte dorée et gratinée sur le dessus. Laissez refroidir 5 à 10 minutes avant de la servir.

Pizza

Portions : **4 personnes**

Type de plat : **plat principal**

Cuisine : **italienne**

Temps de préparation : **30 minutes**

Temps de cuisson : **10 minutes**

Temps de repos : **1 heure 30 à 4 heures**

Temps total : **2 heures 10 minimum**

SNACKING

LA COMPO

- 250 g de farine T55
- 10 g de levure boulangère déshydratée
- 25 g d'huile d'olive
- 125 ml d'eau minérale
- 1 pincée de sucre
- 2 pincées de sel
- ½ oignon
- 75 g de tomates pelées en boîte
- 1 cuillère à café de concentré de tomate
- 1 branche de thym
- 1 feuille de laurier
- 1 gousse d'ail
- 10 g de basilic + 1 branche
- 2 mozzarellas
- 70 g de parmesan

LES ÉTAPES

* La pâte

Délayez la levure dans l'eau pendant 10 minutes. À l'aide d'un batteur-mélangeur, utilisez le crochet et mélangez la farine, le sel et le sucre.
Ajoutez l'huile d'olive et la levure délayée en les versant petit à petit. Pétrissez pendant 5 minutes. Il est possible d'effectuer cette étape à la main, il faudra juste pétrir la pâte plus longtemps, 10 minutes environ.
Laissez reposer la pâte dans un saladier avec un peu de farine sur les parois. Disposez un torchon humide sur le dessus du saladier.
La pâte doit être lisse et non collante.
Laissez-la reposer 1 h 30 (au mieux 4 h).

* La sauce napolitaine

Épluchez et hachez l'oignon. Faites-le revenir dans une casserole avec un peu d'huile d'olive.
Hachez les tomates et, une fois que l'oignon est bien revenu, ajoutez-les à la préparation.
Parsemez avec l'ail écrasé, le thym et le laurier, et terminez par le concentré de tomates.
Laissez revenir le tout quelques minutes et mouillez à l'eau.
Ajoutez 10 g de basilic en feuilles préalablement lavées, et laissez mijoter doucement quelques minutes.
Une fois le mélange épaissi, enlevez le thym et le laurier.
Mixez légèrement le tout afin que la sauce ne devienne pas trop liquide. Rectifiez l'assaisonnement et réservez.

✱ La mozzarella

Coupez la mozzarella en fines tranches, puis égouttez-la entre plusieurs feuilles d'essuie-tout afin qu'elle ne rejette pas trop d'eau lors de la cuisson.
Râpez le parmesan.
Lavez et effeuillez la branche de basilic.

✱ Dressage

Préchauffez le four en chaleur statique à 270 °C pendant 30 minutes.
Farinez le plan de travail et déposez-y la pâte qui doit avoir doublé de volume pendant sa pousse.
Commencez par écraser la pâte pour enlever l'excédent d'air.
Étalez la pâte à pizza en commençant à délimiter les bords avec les doigts et poussez-la sur les extrémités pour former un rond.
Déposez la pâte à pizza sur une plaque couverte d'un papier cuisson. Ajoutez une louche de sauce napolitaine et étalez-la. Répartissez la mozzarella et le parmesan.
À l'aide d'un pinceau, badigeonner d'huile d'olive les bords de la pâte pour obtenir une belle croûte colorée.
Enfournez 8 à 10 minutes.
À la sortie du four, disposez les feuilles de basilic sur la pizza et ajoutez un filet d'huile d'olive.

Salade de haricots verts • topping aux artichauts

Portions :
4 personnes

Type de plat :
plat principal

Cuisine :
française

Temps de préparation :
1 heure

Temps de cuisson :
45 minutes

Temps total :
1 heure 45

100% VÉGÉTARIEN

LA COMPO

✱ Salade de haricots verts

- 800 g de haricots verts frais
- 8 artichauts poivrade
- 1 feuille de laurier
- Huile d'olive
- Fleur de sel

✱ Topping

- 3 ou 4 artichauts poivrade
- 60 g de croûtons de pain
- 40 g d'oignons grelots
- 25 g de noisettes du Piémont
- Fleur de sel

- Matériel necessaire : friteuse, mandoline

LES ÉTAPES

✱ Salade de haricots verts

Équeutez les haricots verts avant de les blanchir dans l'eau bouillante salée pendant 2 minutes 30.
Refroidissez les haricots en les passant sous l'eau glacée, puis fendez-les en deux.
Tournez les artichauts : éliminez les feuilles dures, le foin et la queue.
Faites confire 30 à 40 minutes à feu doux avec l'huile d'olive et la feuille de laurier.
Faites refroidir à température ambiante.

✱ Topping

Tournez les artichauts et coupez-les finement à l'aide d'une mandoline sous forme de tranches.
Faites frire les tranches à 165 °C pendant 2 minutes, et assaisonnez-les avec du sel fin quand elles sont encore chaudes.
Concassez les noisettes à l'aide d'un couteau.
Épluchez les oignons grelots avant de les couper finement avec la mandoline.
Mettez-les à frire à 165 °C pendant 1 minute, toujours en assaisonnant avec du sel fin quand ils sont encore chauds.

✱ Dressage

Assaisonnez les haricots verts avec de l'huile d'olive et de la fleur de sel.
Servez la salade dans une belle assiette avec l'artichaut confit, l'artichaut frit, les croûtons de pain, les oignons frits et les noisettes concassées.
Consommez sans attendre pour que le plat conserve tout son croquant.

Émincé de poulet • rigatoni • olives

Portions :
4 personnes

Type de plat :
plat principal

Cuisine :
italienne

Temps de préparation :
25 minutes

Temps de cuisson :
15 minutes

Temps total :
40 minutes

AUTOUR DE LA VIANDE

LA COMPO

- 4 filets de poulet
- 1 oignon
- 1 gousse d'ail
- 1 branche de thym
- 1 branche d'estragon
- 25 cl de crème
- 50 g + 20 g d'olives
- 350 g de rigatoni
- 30 ml d'huile d'olive

LES ÉTAPES

- Taillez le poulet en aiguillettes en enlevant le nerf au milieu des filets.
- Épluchez l'oignon et l'ail, hachez-les finement.
- Faites revenir l'émincé de poulet dans une casserole avec une cuillère à café d'huile d'olive et une branche de thym afin d'obtenir une belle coloration uniforme.
  Assaisonnez le poulet avec du sel et du poivre.
  Débarrassez l'émincé avant sa cuisson complète dans une assiette.
- Dans la même casserole, versez l'oignon et l'ail haché et laissez-les cuire jusqu'à ce que l'oignon devienne translucide.
- Ajoutez la crème et laissez réduire 5 minutes jusqu'à obtenir une texture nappante. Terminez la sauce en ajoutant 50 g d'olives hachées, et rectifiez l'assaisonnement avec du sel et du poivre.
- Faites bouillir 3,5 L d'eau salée. Lorsque l'eau de cuisson des pâtes bout, ajoutez les rigatoni. Remuez fréquemment au cours des 3 premières minutes pour éviter que les pâtes collent entre elles. Les rigatoni doivent cuire 12 minutes.
- Pendant ce temps-là, réchauffez l'émincé de poulet doucement.
- Égouttez les pâtes et ajoutez 30 ml d'huile d'olive.

* Dressage

Taillez 20 g d'olives en rondelles, lavez et équeutez l'estragon ; il viendra décorer le plat lors du service.
Mélangez les rigatoni avec la sauce à la crème et disposez-les dans le fond de l'assiette. Ajoutez l'émincé de poulet sur le dessus.
Décorez l'assiette à l'aide des olives en rondelles et de l'estragon.
Servez chaud.

L'AVIS DU NUTRITIONNISTE

Un plat simple, avec les protéines du poulet, l'énergie des pâtes et la touche méditerranéenne des olives, parfait pour récupérer après un match de football.

Bœuf grillé • pommes gaufrettes • sauce béarnaise

Portions :
4 personnes
Type de plat :
plat principal
Cuisine :
française

Temps de préparation :
45 minutes
Temps de cuisson :
15 minutes
Temps total :
1 heure

AUTOUR DE LA VIANDE

LA COMPO

- 1 entrecôte de bœuf de 800 g ou 2 entrecôtes de 400 g
- 5 cl d'huile de colza
- 200 g + 50 g de beurre
- 1 gousse d'ail
- 1 branche de thym
- 4 pommes de terre agria
- 1 branche d'estragon
- 1 branche de persil
- 5 g de moutarde
- 20 ml de vinaigre
- 10 cl de vin blanc
- 1 échalote
- 50 g de jaune d'œuf
- 5 g de poivre en grains concassés

- Matériel nécessaire : friteuse et mandoline

LES ÉTAPES

- Préchauffez le four à 220°C.
- Salez l'entrecôte avant cuisson. Débutez la cuisson en colorant les deux côtés de l'entrecôte avec l'huile de colza.
  Laissez reposer la viande quelques minutes, puis mettez-la au four à 220 °C sur une plaque pendant 5 à 10 minutes selon la cuisson désirée.
- Faites chauffer la friteuse à 180 °C.
- Épluchez, lavez les pommes de terre et conservez-les dans de l'eau froide afin d'éviter qu'elles noircissent.
  Pour obtenir la forme d'une gaufrette, utilisez la lame ondulée sur la mandoline. Passez la pomme de terre dans un sens, puis effectuez un quart de tour à chaque passage pour continuer à garder cette forme. Réservez les pommes gaufrettes dans un saladier avec de l'eau froide.
  Égouttez et séchez bien les pommes de terre avant de les frire.
- Plongez-les dans le bain de friture à 180 °C et remuez délicatement afin qu'elles ne collent pas entre elles.
  Égouttez-les lorsqu'elles sont bien dorées, et salez.
- Laissez fondre doucement le beurre afin de le clarifier. Décantez-le en enlevant le petit lait, qui correspond à la partie blanche que l'on voit dans le beurre fondu. Maintenez au chaud.
- Lavez et équeutez l'estragon et le persil. Hachez les herbes et mettez-les de côté. Épluchez l'échalote et hachez-la.

- Dans une casserole, mettez à réduire le vinaigre, le vin blanc, l'échalote et le poivre concassé. Coupez le feu quand le volume a diminué de trois quarts. Laissez refroidir.
Ajoutez les jaunes d'œuf dans la réduction refroidie. Mélangez à l'aide d'un petit fouet et faites réduire en formant des 8 dans la casserole. Veillez à ce que la température ne soit pas trop élevée ; la cuisson se fait à une température de 65 °C environ.
Retirez la casserole du feu lorsque le mélange a atteint la consistance d'une crème onctueuse. Pour savoir si les œufs sont cuits, il suffit de regarder si les coups de fouet laissent apparaître le fond de la casserole.
Si jamais, en cours de cuisson, les jaunes sont trop épais, ajoutez un peu d'eau.
Incorporez lentement, à feu très doux, le beurre clarifié à température dans les jaunes d'œuf et mélangez à l'aide d'un petit fouet.
Ajoutez les herbes hachées et rectifiez l'assaisonnement.
La sauce béarnaise se déguste chaude, il faut donc la conserver sur le feu, tout en veillant à ne pas dépasser les 60 °C pour éviter une surcuisson.

* Dressage

Réchauffez l'entrecôte avec 50 g de beurre, l'ail et le thym dans une poêle.
Arrosez continuellement l'entrecôte avec le beurre pendant 3 minutes environ selon la cuisson souhaitée.
Taillez l'entrecôte et dressez dans un grand plat de présentation. Disposez les pommes gaufrettes dans un ramequin. Servez la béarnaise dans une saucière chaude.

Croque-sandwich banane chocolat

Portions : **8 personnes**
Type de plat : **dessert**
Cuisine : **française**

Temps de préparation : **10 minutes**
Temps de cuisson : **10 minutes**
Temps total : **20 minutes**

AUTOUR DU FRUIT

LA COMPO

✱ Sauce au chocolat
- 250 g de chocolat noir
- 125 g de crème liquide
- 100 ml de lait entier

✱ Croque-banane
- 16 tranches de pain de mie
- 8 bananes
- Chocolat en poudre
- Beurre demi-sel

- Matériel nécessaire : gaufrier

LES ÉTAPES

✱ Sauce au chocolat

Portez le lait et la crème à ébullition dans une casserole.
Surveillez bien que ça ne déborde pas !
Ajoutez les carrés de chocolat et mélangez à l'aide d'une spatule en bois.
Une fois le chocolat fondu, filtrez et réservez au frais.

✱ Croque-banane

Réalisez un sandwich avec deux tranches de pain de mie entre lesquelles il y aura quelques rondelles de banane, du chocolat en poudre et des petits copeaux de beurre.
Refermez le tout et mettez à toaster dans un gaufrier.
Une fois le croque-banane doré, sortez-le du gaufrier, coupez le sandwich en deux pour obtenir deux triangles et dégustez chaud avec la sauce au chocolat.

Pomme au four miel de châtaignier

Portions :
8 personnes

Type de plat :
dessert

Cuisine :
française

Temps de préparation :
15 minutes

Temps de cuisson :
20 minutes

Temps total :
35 minutes

AUTOUR DU FRUIT

LA COMPO

- 8 pommes Golden
- 70 g de sucre muscovado
- 175 g de beurre pommade
- 80 g de miel de châtaignier
- 8 bâtons de réglisse
- 8 feuilles de figuier
- 1 citron jaune

LES ÉTAPES

- Préchauffez le four à 180 °C.
- Épluchez les pommes et enlevez le trognon.
- Mélangez le sucre, le miel et le beurre pommade, et badigeonnez les pommes avec ce mélange.
- Enfournez les pommes 20 minutes dans un plat de cuisson dans lequel sont disposés les feuilles de figuier et les bâtons de réglisse.
- Arrosez régulièrement les fruits avec leur jus de cuisson.
- À la sortie du four, pressez le jus d'un citron sur les pommes. Servez sans attendre.

AT

QATAR
AIRWAYS

MARQUINHOS

LE MAÎTRE D'HÔTEL

Nationalité :
brésilienne

Région d'origine :
São Paulo

N° de maillot :
5

Poste :
défenseur

Date de naissance :
14/05/1994

Ingrédient phare :
haricot

Ustensile utile :
plat en fonte

Épice favorite :
curcuma

« Marquí » est connu par les supporters Rouge et Bleu pour avoir les crocs sur les terrains de football. Avec ses recettes, c'est au tour du couteau suisse du Paris Saint-Germain de vous mettre l'eau à la bouche ! Aller simple direction São Paulo…

QATAR
AIRWAYS
PARIS
GOA

Hot dog • saucisse • pickles

Portions :
4 personnes

Type de plat :
plat principal

Cuisine :
États-Unis

Temps de préparation :
15 minutes

Temps de cuisson :
5 minutes

Temps total :
20 minutes

LA COMPO

- 4 oignons
- 50 g de beurre demi-sel
- 2 g de sel fin
- 8 saucisses de hot dog
- 200 g de cornichons
- 8 pains à hot dog (2 par personne)
- Ketchup
- Moutarde américaine
- Mayonnaise

LES ÉTAPES

- Émincez les oignons et faites-les revenir avec le beurre demi-sel dans une poêle chaude afin de bien les caraméliser. Salez légèrement avec le sel fin.
- Pochez les saucisses dans une casserole d'eau bouillante pendant 5 minutes. Hachez les cornichons.
- Coupez le pain à hot dog en deux et faites-le dorer sous le gril du four.

✱ Dressage

Déposez les pains sur l'assiette.
Garnissez chaque pain d'une saucisse, d'oignons caramélisés et de cornichons hachés. Arrosez de ketchup, de moutarde et de mayonnaise.
Servez chaud.

PARIS
QATAR
AIRWAYS

Feijoada • courgette • curcuma

Portions : **4 personnes**

Type de plat : **plat principal**

Cuisine : **brésilienne**

Temps de préparation : **30 minutes**

Temps de cuisson : **45 minutes**

Temps total : **1 heure 15**

100% VÉGÉTARIEN

LA COMPO

- 400 g de haricots noirs en conserve
- 2 carottes
- 3 oignons
- 1 branche de thym
- 1 feuille de laurier
- 1 courgette
- 4 cuillères à café de paprika
- 2 cuillères à café de curcuma en poudre
- 1 curcuma frais
- 10 ml d'huile d'olive
- 300 ml de bouillon de légumes

- Matériel nécessaire : mandoline

LES ÉTAPES

- Égouttez les haricots noirs.
- Épluchez les oignons et les carottes, émincez les oignons et taillez les carottes en rondelles.
- Dans une casserole, faites revenir à l'huile d'olive les oignons afin d'obtenir une légère coloration brune, ajoutez les carottes ainsi que la branche de thym et la feuille de laurier. Laissez cuire le tout quelques minutes.
- Torréfiez le paprika et le curcuma en les ajoutant au mélange et en laissant apparaître une légère croûte au fond de la casserole.
- Ajoutez les haricots noirs égouttés, laissez cuire le tout quelques minutes avant de mouiller avec le bouillon. Cuisez à couvert pendant 30 minutes.
- Retirez la branche de thym et réservez.
- Mettez de l'eau salée à bouillir.
  Lavez la courgette et coupez-la en 4 dans le sens de la longueur.
  Enlevez les pépins sur l'arête de chaque quart. Taillez les quarts de courgettes en morceaux réguliers.
  Cuisez les courgettes en les plongeant 20 secondes dans l'eau bouillante avant de les débarrasser dans de l'eau glacée afin de fixer la chlorophylle ; elles conserveront ainsi leur belle couleur verte.

✱ Dressage

Dressez la *feijoada* dans le fond de l'assiette.
Décorez l'assiette avec des rondelles de carottes et des copeaux de curcuma frais coupés à l'aide d'une mandoline.
Déposez les feuilles de laurier dessus et servez chaud.

Bar grillé • fenouil braisé • sauce chimichurri

Portions : **4 personnes**
Type de plat : **plat principal**
Cuisine : **argentine**

Temps de préparation : **45 minutes**
Temps de cuisson : **30 minutes**
Temps de repos : **une journée**
Temps total : **1 heure 15 + 1 journée**

AUTOUR DU POISSON

LA COMPO

- 1 bar de 2 kg
- 3 + 1 branches de thym
- 3 branches de romarin
- 4 fenouils
- 20 ml d'huile d'olive
- 200 ml de bouillon de légumes
- 1 branche de thym
- 3 échalotes
- 10 cl d'huile olive
- 10 cl de vinaigre balsamique
- 10 g de parmesan
- 1 branche de menthe
- ¼ botte de persil
- 1 botte de ciboulette
- 1 branche d'estragon
- ½ pomme Granny Smith
- Piment d'Espelette
- Sel et poivre

- Matériel nécessaire : casserole passant au four

LES ÉTAPES

✱ Le poisson

Habillez le poisson : cela consiste à l'ébarber (enlever les nageoires), l'écailler, le vider et, pour terminer, enlever la tête. Rincez le poisson à l'eau claire et épongez-le avec du papier absorbant.
Dans le bas-ventre du poisson, ajoutez le romarin et 3 branches de thym. Ficelez-le et faites-le sécher dans le réfrigérateur une journée.
Dans une grande sauteuse, colorez le poisson avec de l'huile de colza jusqu'à obtenir une belle coloration des deux faces.
Mettez-le sur une plaque et enfournez-le à 200 °C pendant 5 minutes, avant de le laisser reposer 5 minutes et ajoutez la fleur de sel.

✱ Le fenouil braisé

Taillez les fenouils dans le sens de la hauteur afin d'avoir de belles tranches. Salez et poivrez chaque tranche obtenue.
Dans une grande casserole, disposez les fenouils et colorez les deux faces avec une branche de thym. Une fois bien colorés, déglacez au bouillon de légumes et couvrez la casserole avec de l'aluminium. Placez-la dans le four (en vous assurant qu'elle passe bien au four au préalable !) afin de braiser les légumes pendant 20 minutes à 180 °C.
Ajustez la cuisson en fonction de l'épaisseur des tranches.

✱ La sauce chimichurri

Effeuillez la menthe, l'estragon, le persil et rincez-les à l'eau claire. Hachez toutes les herbes et gardez-les de côté. Épluchez les échalotes et hachez-les également.
Taillez la pomme en petits cubes et râpez le parmesan.
Dans un saladier, mélangez le vinaigre balsamique, le sel, le piment d'Espelette et l'échalote, puis laissez mariner 5 minutes.
Ajoutez les herbes, les échalotes, la pomme et le parmesan.

✱ Dressage

Dressez la sauce chimichurri en saucière.
Posez le bar rôti au centre du plateau, accompagné des fenouils braisés.

Parmentier bœuf - carottes

Portions :
4 personnes

Type de plat :
plat principal

Cuisine :
française

Temps de préparation :
45 minutes

Temps de cuisson :
30 minutes

Temps total :
1 heure 15

AUTOUR DE LA VIANDE

LA COMPO

✱ Viande hachée
- 300 g de viande hachée
- 1 carotte
- 1 oignon
- 2 cuillères à soupe de fond brun de veau en poudre
- 10 cl d'eau
- 10 ml d'huile de colza

✱ Purée de carottes
- 400 g de carottes
- 75 g de beurre
- 100 g de crème

✱ Purée de pommes de terre
- 400 g de pommes de terre
- 200 ml de lait
- 2 gousses d'ail
- 1 branche de thym
- 1 branche de romarin
- 75 g de beurre

✱ Chapelure de pain
- 75 g de pain rassis
- 15 g de beurre

LES ÉTAPES

✱ Viande hachée
Dans une casserole, faites bouillir de l'eau avec le fond brun de veau. Réservez.
Épluchez et hachez un oignon.
Épluchez et taillez en petits cubes une carotte.
Dans une autre casserole, faites revenir l'oignon dans l'huile de colza pour avoir une légère coloration, ajoutez les cubes de carotte et laissez cuire quelques minutes.
Ajoutez le bœuf et cuisez-le 5 minutes. Pour lier le tout, ajoutez le jus petit à petit pour apporter plus de texture.

✱ Purée de carottes
Épluchez et lavez les carottes. Taillez-les en rondelles.
Dans une casserole, faites fondre 50 g de beurre. Une fois fondu, faites revenir les carottes et laissez-les suer quelques minutes à feu doux.
Ajoutez la crème et couvrez la casserole. Une fois le mélange cuit, mixez-le dans un blender avec le beurre restant et rectifiez l'assaisonnement. Réservez.

✱ Purée de pommes de terre
Épluchez et lavez les pommes de terre, puis taillez-les en gros morceaux.
Dans une casserole, mettez le lait, l'ail, le thym, le romarin et, pour terminer, les pommes de terre.
Laissez cuire environ 20 minutes à feu moyen.
Faites fondre le beurre. Une fois les pommes de terre cuites, filtrez et ne gardez que la pulpe. Écrasez celle-ci à l'aide d'une fourchette et ajoutez le beurre.
Mélangez la purée de pommes de terre avec 150 g de purée de carottes. Réservez.

✳ Chapelure de pain
Mixez le pain et le beurre afin d'obtenir une poudre.

✳ Dressage
Placez un emporte-pièce sur l'assiette, remplissez-le de viande hachée et de purée de pommes de terre. Couvrez avec la chapelure de pain et mettez à toaster légèrement. Enlevez l'emporte-pièce.
Arrosez de jus de viande tout autour du parmentier.
Dans un petit ramequin à côté, servez la purée de carottes bien chaude.

Le plat d'enfance de **Marquinhos**

Strogonoff • frites • mayonnaise aux herbes

Portions : **4 personnes**
Type de plat : **plat principal**
Cuisine : **russe**

Temps de préparation : **30 minutes**
Temps de cuisson : **1 heure**
Temps total : **1 heure 30**

LA COMPO

✱ Strogonoff
- 500 g de filet de bœuf
- 1 oignon
- 1 poivron vert
- 1 poivron rouge
- 1 poivron jaune
- 200 g de champignons
- 100 g d'oignons sauciers
- 30 g de concentré de tomates
- 10 cl de vin blanc
- 42 cl de crème
- 10 g de paprika en poudre
- 1 filet d'huile de colza
- 1 gousse d'ail

✱ Mayonnaise aux herbes
- 2 cl de jus de citron
- 10 g de moutarde
- 60 g de jaune d'œuf
- 25 cl d'huile de colza
- 1 branche d'aneth
- ½ botte de ciboulette
- 1 branche de persil
- 2 cl de crème
- 1 pincée de sel

✱ Frites de pommes de terre
- 1 kg de pommes de terre

✱ Dressage
- 1 branche de cerfeuil

- Matériel nécessaire : friteuse

AUTOUR DE LA VIANDE

LES ÉTAPES

✱ Strogonoff
Coupez le filet de bœuf en cubes de 5 cm environ et faites-les rissoler dans une grande casserole avec de l'huile de colza. Une fois bien colorés, retirez-les de la casserole et réservez.
Épluchez l'ail, l'oignon et les oignons sauciers. Émincez l'oignon finement et hachez l'ail. Taillez les poivrons en bâtonnets et les champignons en deux.
Faites revenir l'oignon et l'ail dans la même casserole que le bœuf pour récupérer un maximum de goût. Ajoutez les poivrons, les oignons sauciers et les champignons, faites revenir le tout.
Ajoutez le concentré de tomates et le paprika en remuant sans cesse pour que cela ne colle pas au fond de la casserole. Déglacez au vin blanc et laissez réduire de trois quarts. Ajoutez la crème, puis la viande et laissez mijoter le tout 40 minutes.

✱ Mayonnaise aux herbes
Mélangez à l'aide d'un fouet le jus de citron, la moutarde, le jaune d'œuf et une pincée de sel. Une fois un mélange homogène obtenu, montez la sauce à l'huile en la versant lentement, toujours à l'aide d'un fouet. La mayonnaise doit avoir une texture onctueuse, mais ferme.
Hachez le persil, la ciboulette et l'aneth, et ajoutez-les à la mayonnaise avec la crème.

✱ Frites de pommes de terre
Dans une casserole, mettez de l'eau salée à bouillir.
Épluchez et lavez les pommes de terre, puis taillez-les en bâtonnets pour faire des frites.
Cuisez les frites dans l'eau 2 min, puis laissez-les refroidir.

Séchez-les avant de les faire frire dans un bain d'huile : le premier à 150 °C, qui va apporter un côté légèrement doré, puis un second à 180 °C, qui va apporter du croustillant.
Égouttez les frites et salez immédiatement.

✱ Dressage
Équeutez et lavez le cerfeuil.
Dans une saucière, dressez la mayonnaise aux herbes.
Disposez les frites dans un récipient à côté.
Dressez dans le fond de l'assiette le bœuf Strogonoff et décorez de cerfeuil.

Porridge avoine cerises

LA COMPO

- 1 L de lait entier bio
- 450 g de flocons d'avoine
- 30 g de sucre
- 200 ml de jus de cerises
- 200 g de cerises
- ¼ de botte de menthe

Portions : **8 personnes**
Type de plat : **dessert**
Cuisine : **française**

Temps de préparation : **15 minutes**
Temps de cuisson : **15 minutes**
Temps total : **30 minutes**

AUTOUR DU FRUIT

LES ÉTAPES

- Sur feu moyen, cuisez les flocons d'avoine dans le lait jusqu'à ce que le liquide soit totalement absorbé.
- Ajoutez le sucre et le jus de cerises.
- Laissez refroidir pendant le dénoyautage des cerises !

✱ Dressage du dessert

Versez le porridge au fond d'une belle assiette creuse. Disposez les cerises dénoyautées sur le dessus et quelques pluches de menthe fraîche pour la couleur.

L'AVIS DU NUTRITIONNISTE

Le meilleur petit-déjeuner ou encas d'un point de vue nutritionnel et sportif, riche en hydrates de carbone et en vitamine B. Les cerises, grâce à leur teneur élevée en polyphé aident les athlètes à réduire les processus inflammatoires... Si vous y ajoutez de la whey (lactosérum, protéine possédant une vitesse d'assimilation très rapide et riche en acides amin essentiels), il n'y a pas plus complet !

Pudim de Leite

Portions :
8 personnes

Type de plat :
dessert

Cuisine :
brésilienne

Temps de préparation :
15 minutes

Temps de cuisson :
30 minutes

Temps total :
45 minutes

PÂTISSERIE

LA COMPO

- 800 g de lait concentré non sucré
- 360 g de sucre
- 8 œufs
- 440 ml de lait entier

✱ Opalines en caramel

- 200 g de sucre

LES ÉTAPES

- Préchauffez le four à 170 °C.
- Dans une casserole, faites fondre le sucre à feu doux jusqu'à l'obtention d'un caramel.
  Versez le caramel dans le moule de cuisson du dessert.
- Séparez le blanc des jaunes d'œufs. Mixez les jaunes avec le lait concentré, ajoutez ensuite le lait, puis les blancs d'œufs.
- Versez le mélange sur le caramel et cuisez la crème au four au bain-marie pendant 30 minutes.
- Pendant la cuisson de la crème, préparez les opalines en caramel. Versez le sucre dans une casserole et laissez caraméliser. Une fois une belle couleur ambrée obtenue, laissez refroidir avant de mixer le caramel pour obtenir une poudre fine. À l'aide d'un tamis, saupoudrez sur une toile de cuisson en silicone et passez au four à 170 °C (sans chaleur tournante) jusqu'à ce que la poudre reforme un caramel.
- Sortez la crème du four et, lorsque la préparation est à température ambiante, retournez le moule dans le plat de présentation. Déposez les opalines dessus.

QATAR
AIRWAYS
5
PARIS

ACHRAF
HAKIMI

UN MÉLANGE DE SAVEURS

Nationalité :
marocaine

Région d'origine :
communauté de Madrid

N° de maillot :
2

Poste :
défenseur

Date de naissance :
04/11/1998

Ingrédient phare :
semoule

Ustensile utile :
friteuse

Épice favorite :
curcuma

Si la cuisine d'Achraf Hakimi était comme ses passes, elle serait « zéro déchet ». Aussi à l'aise entre deux cultures que pour servir ses coéquipiers parisiens sur le terrain, le Lion de l'Atlas se démarque par sa vitesse et sa polyvalence… comme un restaurant *fast food* de luxe !

Curry poulet • patate douce • curcuma

Portions :
4 personnes

Type de plat :
plat principal

Cuisine :
marocaine

Temps de préparation :
45 minutes

Temps de cuisson :
25 minutes

Temps total :
1 heure 10

Autour de la viande

LA COMPO

✱ Curry

- 300 g d'oignons doux
- 500 g de blanc de poulet
- 350 g de patate douce
- 100 g de beurre demi-sel
- 10 g de poudre de curry
- 3 g de curcuma
- 700 g de lait de coco
- 100 ml d'eau
- 300 g de crème liquide
- 9 g de sel fin

✱ Accompagnement et dressage

- 200 g de riz basmati
- ½ oignon
- 3 cl d'huile d'olive
- 300 g d'eau minérale (ou fond blanc de volaille)
- 1 bouquet garni
- Quelques amandes fraîches
- Quelques feuilles de pimprenelle

LES ÉTAPES

✱ Curry de poulet

Réalisez une grosse brunoise (coupez en petits cubes de même grosseur) avec les oignons et les patates douces.
Coupez le blanc de poulet en cubes de la même taille que les légumes pour obtenir une cuisson uniforme.
Faites suer les oignons et la patate douce dans le beurre pendant 5 minutes. Puis ajoutez les morceaux de poulet, sans le faire colorer. Ajoutez la poudre de curry et le curcuma avant de mouiller avec l'eau, la crème et le lait de coco.
Salez et laissez le plat cuire à feu doux pendant 20 minutes en recouvrant d'un couvercle.

✱ Riz

Dans une casserole à part, faites revenir le riz dans un peu d'huile avec l'oignon. Remuez jusqu'à ce que les grains deviennent translucides.
Ajoutez alors l'eau et le bouquet garni. Couvrez et laissez cuire à feu doux jusqu'à l'absorption du liquide.

✱ Dressage

Versez le curry bien chaud au centre de l'assiette, puis déposez quelques amandes fraîches et des feuilles de pimprenelle dessus. Dégustez avec le riz en accompagnement.

Couscous de légumes

Portions :
4 personnes

Type de plat :
plat principal

Cuisine :
marocaine

Temps de préparation :
45 minutes

Temps de cuisson :
1 heure

Temps total :
1 heure 45

100% VÉGÉTARIEN

LA COMPO

✱ Légumes

- 1 courgette
- 1 poivron jaune
- 1 poivron rouge
- 1 poivron vert
- 3 carottes
- 2 oignons
- 2 tomates
- 2 navets
- 200 g de pois chiches en conserve

✱ Bouillon

- 1 cuillère à café de gingembre en poudre
- 1 cuillère à café de raz-el-hanout en poudre
- 1 cuillère à café de paprika en poudre
- 1 cuillère à café de curcuma en poudre
- 20 g de harissa
- 20 g de concentré de tomates
- 10 ml d'huile d'olive
- 2 feuilles de laurier
- 1 L d'eau

✱ Semoule

- 200 g de semoule
- 20 cl d'eau
- 3 pincées de sel
- 20 g d'huile d'olive

✱ Dressage

- 20 g de harissa

LES ÉTAPES

✱ Légumes

Lavez tous les légumes et épluchez les carottes et les oignons.
Taillez les carottes et les courgettes en huit.
Coupez l'oignon en deux, puis en six.
Tranchez les navets en deux, puis en six.
Réalisez des bâtonnets épais de poivron.
Découpez les tomates en deux, puis en quatre.
Égouttez les pois chiches.
Réservez tous les légumes.

✱ Bouillon

Faites revenir les légumes dans une grande casserole avec de l'huile d'olive, en commençant par les oignons, puis les carottes et les navets. Laissez cuire en remuant régulièrement à feu moyen pendant 5 minutes. Ajoutez les poivrons et les tomates, laissez cuire 5 minutes de plus. Continuez en ajoutant les épices et remuez bien. Versez ensuite la harissa et le concentré de tomates.
Faites attention à ce que les légumes n'accrochent pas au fond de la casserole en remuant de temps en temps. Déglacez avec de l'eau, ajoutez les feuilles de laurier et laissez frémir à couvert pendant 45 minutes. Ajoutez les pois chiches en toute fin de cuisson. Rectifiez l'assaisonnement et réservez.

✱ Semoule

Faites bouillir l'eau à couvert. Ajoutez 3 pincées de sel.
Placez la semoule dans un saladier avec l'huile d'olive et mélangez.
Versez l'eau bouillante sur la semoule, mélangez et mettez du film alimentaire sur le contenant pour emprisonner la chaleur.
Laissez cuire 6 minutes avant d'égrainer à l'aide d'une fourchette.

✱ Dressage

Mettez la semoule cuite au fond d'un plat de présentation et formez un creux. Versez un peu de sauce au centre, puis disposez vos légumes. Nappez de sauce à nouveau.
Gardez le reste de la sauce dans une saucière à disposition, chacun pourra se resservir à sa guise. Mettez aussi de la harissa dans une seconde saucière à disposition.

QATAR
AIRWAYS
2
CES

Burritos bœuf - avocat

Portions : **4 personnes**

Type de plat : **plat principal**

Cuisine : **mexicaine**

Temps de préparation : **40 minutes**

Temps de cuisson : **25 minutes**

Temps total : **1 heure 05**

SNACKING

LA COMPO

* Sauce aux haricots rouges

- 2 gousses d'ail
- 90 g d'oignon
- 300 g de haricots rouges en conserve
- 50 g de concentré de tomates
- 15 cl d'huile d'olive
- 100 ml d'eau
- 1,5 g de poudre de paprika fumé
- 2 g de sel fin

* Riz

- 160 g de riz
- 2 cl d'huile d'olive
- 250 ml d'eau

* Burritos

- 8 tranches de cecina (charcuterie espagnole)
- 4 tortillas
- 2 tomates
- 1 avocat
- 40 g d'emmental râpé

LES ÉTAPES

* Sauce aux haricots rouges

Hachez les gousses d'ail et coupez l'oignon en petits cubes.
Dans une casserole, faites suer l'ail et l'oignon dans l'huile d'olive.
Une fois l'ail et l'oignon dorés, ajoutez le concentré de tomates et la poudre de paprika. Laisser cuire 1 minute avant d'ajouter le reste des ingrédients.
Laissez le mélange cuire 10 minutes à feu doux avant de couper le feu.

* Riz

Dans une casserole à part, faites revenir le riz dans un peu d'huile d'olive. Remuez jusqu'à ce que les grains deviennent translucides. Ajoutez alors l'eau. Couvrez et laissez cuire à feu doux jusqu'à l'absorption du liquide. Laissez refroidir.

* Burritos

Préparez l'avocat. Coupez en deux avant d'enlever le noyau et la peau. Ensuite, tranchez le fruit en fines lamelles. Coupez les tomates en petits cubes et roulez des tranches de cecina.
Réchauffez les tortillas 40 secondes au micro-ondes. Puis étalez chaque tortilla et déposez du riz cuit au centre.
Ajoutez des dés de tomate, des tranches de cecina roulées, des lamelles d'avocat, de la sauce aux haricots rouges et l'emmental râpé.
Roulez chaque burrito fermement avant de tous les envelopper dans de l'aluminium.
Réchauffez 20 secondes dans une poêle chaude.

* Dressage

Coupez chaque burrito en tranches.
Déposez délicatement sur une assiette avant de servir avec le reste de sauce aux haricots rouges.

L'AVIS DU NUTRITIONNISTE

L'avocat est riche en acides gras mono-insaturés, des graisses essentielles à notre métabolisme. Pour favoriser son absorption, il est bon de l'associer à une bonne protéine, comme le bœuf, et de le servir avec quelques glucides, comme les tortillas. Nous avons ici un plat complet, et bien plus intéressant d'un point de vue nutritionnel que la junk food.

Salade de quinoa · orange · carottes

Portions : **4 personnes**

Type de plat : **plat principal**

Cuisine : **marocaine**

Temps de préparation : **40 minutes**

Temps de cuisson : **20 minutes**

Temps total : **1 heure**

100% VÉGÉTARIEN

LA COMPO

✱ Salade de quinoa

- 600 g de quinoa blanc
- Fleur de sel
- 80 g de carottes
- 1 orange (non traitée de préférence)
- 40 g de graines de courge
- ½ botte de coriandre

✱ Vinaigrette

- 80 g d'échalotes hachées
- 70 g d'huile d'olive
- 30 g d'huile d'argan
- 5 g de sel fin
- 16 g de vinaigre de xérès
- 80 g de jus de citron
- 1 g de fleur d'oranger

LES ÉTAPES

✱ Salade de quinoa

Blanchissez le quinoa dans de l'eau bouillante salée pendant 15 minutes et laissez refroidir.
Épluchez les carottes, puis coupez-les en fine julienne.
Pelez l'orange à vif, extrayez les segments avant de les couper en petits morceaux.
Émincez la coriandre (conservez quelques pluches pour la présentation).
Mélangez l'ensemble des ingrédients et conservez au frais.

✱ Vinaigrette

Faites confire les échalotes dans l'huile d'olive à feu doux pendant 15 minutes.
Laissez refroidir, puis mélangez avec tous les autres ingrédients : l'huile d'argan, le sel, le vinaigre, le jus de citron et la fleur d'oranger.
Gardez au frais jusqu'au moment de servir.

✱ Dressage

Mélangez la salade de quinoa avec la vinaigrette. Placez le tout au centre du plat de présentation, puis saupoudrez de fleur de sel et de quelques pluches de coriandre.

Homard grillé • asperges • sabayon au citron

Portions : **4 personnes**
Type de plat : **plat principal**
Cuisine : **française**

Temps de préparation : **35 minutes**
Temps de cuisson : **50 minutes**
Temps total : **1 heure 25**

AUTOUR DU POISSON

LA COMPO

✱ Sabayon au citron
- 1 citron jaune bio
- 100 g de jaunes d'œufs (6 œufs environ)
- 400 g de beurre clarifié
- 6 g de sel fin

✱ Homard grillé
- 2 homards (700 g environ)
- 12 asperges vertes
- 1 L d'eau
- 40 g de sel
- Beurre demi-sel
- Quelques glaçons

LES ÉTAPES

✱ Sabayon au citron
Préchauffez le four à 180 °C.
Zestez le citron. Mettez les zestes de côté et emballez le citron dans de l'aluminium.
Enfournez pour 30 minutes, puis récupérez la pulpe du citron.
Dans une casserole, déposez les jaunes d'œufs avec un peu d'eau pour réaliser le sabayon. N'arrêtez jamais de fouetter sur feu doux. Une fois une texture proche de la mayonnaise obtenue, ajoutez le beurre clarifié.
Enfin, ajoutez le sel, le zeste et la pulpe de citron.

✱ Homard grillé et asperges
Épluchez le bout des asperges, puis blanchissez-les à l'eau salée pendant 1 minute. Récupérez les asperges avec une écumoire et refroidissez-les en les déposant sur des glaçons.
Coupez les homards en deux dans le sens de la longueur.
Dans une poêle bien chaude arrosée d'huile d'olive, déposez les homards côté chair. Une fois leur chair bien colorée, ajoutez le beurre demi-sel, et arrosez le homard avec le beurre fondu.
Retirez les crustacés de la poêle, et faites revenir les asperges dans les restes de beurre pour obtenir une légère coloration.

✱ Dressage
Déposez le homard et les asperges sur l'assiette, et servez le sabayon dans une saucière à côté.

Tiramisu fraises estragon

Portions :
8 personnes

Type de plat :
dessert

Cuisine :
française et italienne

Temps de préparation :
40 minutes

Temps de cuisson :
1 heure 45

Temps total :
2 heures 25

LA COMPO

✱ Biscuit à la cuillère
- 4 œufs
- 120 g de sucre en poudre
- 100 g de farine T45
- Sucre glace

✱ Crème mascarpone vanille/estragon
- 600 g de mascarpone
- 3 œufs
- 75 g de sucre
- 1 gousse de vanille
- Estragon

✱ Marmelade de fraises
- 10 fraises
- 5 g d'huile d'olive
- 10 g d'estragon

✱ Poudre d'estragon
- Quelques branches d'estragon

AUTOUR DU FRUIT

LES ÉTAPES

✱ Biscuit à la cuillère

Séparez le blanc des jaunes, et conservez bien les uns comme les autres.
Fouettez les jaunes d'œufs avec 60 g de sucre dans un bol.
Montez les blancs en neige et ajoutez-y 60 g de sucre.
Mélangez le tout délicatement en veillant à ne pas « casser » les blancs.
Ajoutez ensuite la farine, et mélangez sans trop travailler la pâte.
À l'aide d'une poche à douille, formez les biscuits à la cuillère sur une ou deux plaques de cuisson. Saupoudrez de sucre glace et cuisez les biscuits 15 à 20 minutes à 150 °C (thermostat 5).

✱ Crème mascarpone vanille/estragon

Séparez les jaunes d'œufs des blancs.
Montez les blancs d'œufs en neige bien ferme, et gardez-les de côté.
Versez les jaunes d'œufs et le sucre dans un bol, et fouettez-les jusqu'à ce que le mélange triple de volume.
Travaillez le mascarpone avant de l'ajouter au sucre et aux jaunes d'œufs battus. Battez délicatement pour ne pas faire tomber le mélange.
Une fois le mascarpone incorporé, ajoutez les blancs d'œufs montés en neige au mélange.
Ouvrez la gousse de vanille en deux et récupérez les graines avec la pointe d'un couteau avant de les ajouter avec l'estragon finement ciselé dans la crème.

✱ Marmelade de fraises

Réalisez une brunoise de fraises. Mélangez avec l'huile d'olive et l'estragon finement haché.

✱ Poudre d'estragon

Déshydratez les branches d'estragon au four préchauffé à 70 °C pendant 1 h 30. Mixer finement.

✱ Dressage du dessert

Dans un saladier, pochez une partie de la crème vanillée à l'estragon et disposez les biscuits à la cuillère dessus.
À l'aide d'une cuillère, déposez la marmelade sur les biscuits qui s'imprégneront du jus des fraises. Recouvrez le tout de crème vanillée.
Enfin, décorez de quelques fraises fraîches, d'un peu de poudre d'estragon et de branches d'estragon frais avant de déguster.

Granité melon verveine

AUTOUR DU FRUIT

Portions : **8 personnes**

Type de plat : **dessert**

Cuisine : **marocaine**

Temps de préparation : **15 minutes**

Temps de repos : **une nuit**

Temps de cuisson : **5 minutes**

Temps total : **20 minutes**

LA COMPO

- 4 melons bien mûrs
- 125 g de sucre
- 2 feuilles de gélatine
- 3 branches de verveine
- 100 ml d'eau
- Le jus d'un citron

LES ÉTAPES

- Épluchez les melons avant de les épépiner.
  Mixez la chair, récupérez le jus en le passant au chinois.
- Réalisez ensuite un sirop infusé dans une casserole. Pour cela, mélangez le jus du melon, l'eau, le sucre et la gélatine préalablement ramollie avant de faire chauffer le liquide à 60 °C.
- Une fois la température atteinte, retirez du feu et ajoutez les feuilles de verveine.
  Laissez infuser 30 minutes à couvert pour que le sirop prenne toute sa saveur.
- Filtrez le mélange au terme de cette demi-heure, et ajoutez le jus de citron.
- Réservez le mélange au congélateur pendant une nuit.
- Le lendemain, grattez le granité ainsi pris avec une fourchette et servez sans attendre.

RWANDA

GOAT
ATAR

KYLIAN MBAPPÉ

LE GOÛT DE L'EXCELLENCE

Nationalité :
française

Région d'origine :
Île-de-France

N° de maillot :
7

Poste :
attaquant

Date de naissance :
20/12/1998

Ingrédient phare :
poivron

Ustensile utile :
appareil à raclette

ne mange pas épicé

Équilibré, piquant, exquis, percutant, bouillonnant, intense, pétillant, délicieux... Bon nombre d'adjectifs définissent aussi bien le jeu trois étoiles de notre « Kyky » national que l'art culinaire à la française. Sur le rectangle vert comme dans l'assiette, il faut toujours s'attendre au meilleur. Alors, suivons le guide !

QATAR
7

Fried chicken • pesto penne • mozzarella

Portions : **4 personnes**
Type de plat : **plat principal**
Cuisine : **américaine et italienne**

Temps de préparation : **30 minutes**
Temps de cuisson : **10 minutes**
Temps total : **40 minutes**

AUTOUR DE LA VIANDE

LA COMPO

✱ Fried Chicken

- 8 petites cuisses de poulet
- 100 g de farine T55
- 60 g de fécule de pomme de terre
- 2 g de sel fin
- 200 ml d'eau gazeuse
- 1 L d'huile de colza

✱ Pesto basilic

- 100 g de basilic
- 130 g d'huile d'olive
- 50 g de parmesan râpé
- 30 g de pignons de pin torréfiés
- 1 gousse d'ail
- 30 g de glace pilée
- 40 g d'épinards
- 4 g de sel fin

✱ Penne

- 600 g de penne
- 1 L d'eau
- 20 g de sel fin

✱ Mozzarella

- 2 boules de mozzarella
- Huile d'olive extra vierge
- Fleur de sel

- Matériel nécessaire : friteuse

LES ÉTAPES

✱ Fried Chicken

Faites chauffer l'huile à 180 °C.
Mélangez la farine, la fécule, le sel et l'eau gazeuse, et roulez les cuisses de poulet dedans.
Faites frire à 180 °C pendant 9 minutes.

✱ Accompagnement

Faites chauffer une casserole d'eau salée. Une fois arrivée à ébullition, cuisez les pâtes le temps indiqué sur le paquet.
Refroidissez à l'eau et conservez au frais.
Pour la préparation du pesto, sortez les ingrédients du réfrigérateur au dernier moment.
Avant de mettre tous les ingrédients dans le mixeur, conservez quelques feuilles de basilic pour le dressage.
Mixez très rapidement avant de réserver au frais.
Enfin, coupez les boules de mozzarella en deux, avant de les assaisonner d'un filet d'huile d'olive et de fleur de sel.

✱ Dressage

Mélangez les pâtes et le pesto à froid. Disposez au centre de l'assiette.
Placez la mozzarella sur le côté de l'assiette, ajoutez quelques feuilles de basilic.
Servez le *fried chicken* dans un bol à côté.

Carpaccio de bœuf • roquette • bleu de Termignon

Portions :
4 personnes

Type de plat :
plat principal

Cuisine :
française

Temps de préparation :
30 minutes

Temps de cuisson :
1 minute

Temps total :
31 minutes

AUTOUR DE LA VIANDE

LA COMPO

✱ Vinaigrette

- ½ oignon
- 25 g de jus de citron
- 25 g de cassonade
- 25 g de sauce soja
- 50 g d'huile d'olive

✱ Carpaccio de bœuf

- 400 g de filet de bœuf
- 1 tranche de pain de mie
- 50 g d'huile d'olive
- 100 g de fromage bleu de Termignon (fromage de Savoie)
- 20 g de roquette

LES ÉTAPES

✱ Vinaigrette

Dans un bol, ciselez l'oignon avant d'ajouter la cassonade, le jus de citron et la sauce soja. Mélangez bien pour dissoudre le sucre, puis ajoutez l'huile.

✱ Carpaccio de bœuf

Avec le pain de mie, réalisez une brunoise (en le coupant en petits dés). Faites revenir les petits croûtons obtenus dans une poêle chaude avec de l'huile d'olive.
Coupez le fromage en cubes.
Dans une autre poêle chaude, déposez le filet de bœuf. Cuisez-le des deux côtés pour obtenir une belle coloration en extérieur, laissez refroidir avant de le découper finement.

✱ Dressage

Sur une assiette, étalez les lamelles de bœuf, déposez de la sauce généreusement sur la viande, puis disposez les croûtons, le fromage et la roquette sur le dessus.
Poivrez et servez sans attendre.

Salade César poivrons · framboises

Portions :
4 personnes
Type de plat :
plat principal
Cuisine :
française

Temps de préparation :
35 minutes
Temps de cuisson :
10 minutes
Temps total :
45 minutes

100% VÉGÉTARIEN

LA COMPO

✱ Mayonnaise à la framboise

- 1 jaune d'œuf
- 10 g de moutarde
- 1 g de sel fin
- 1 g de poivre
- 250 g d'huile de tournesol
- 5 framboises

✱ Croûtons

- 2 tranches de pain de mie
- 50 g de beurre

✱ Salade César

- 1 poivron rouge
- 40 g d'huile d'olive
- 1 branche de thym
- 2 œufs
- 1 laitue romaine
- 5 framboises
- 2 branches de cerfeuil
- 2 tiges de ciboulette

LES ÉTAPES

✱ Mayonnaise à la framboise

Réalisez une mayonnaise à l'aide d'un mixeur plongeant. Pour cela, mixez le jaune d'œuf avec la moutarde, le sel et le poivre, puis ajoutez progressivement l'huile. Ajoutez les framboises fraîches.
Réservez une petite partie de la mayonnaise dans une poche à douille et déposez le reste dans un ramequin à conserver au frais jusqu'au moment du service.

✱ Croûtons

Coupez des cubes dans les tranches de pain de mie. Faites fondre le beurre dans une poêle et jetez les dés de pain de mie.
Laissez colorer doucement à feu moyen.
Réservez après avoir passé les croûtons au tamis pour enlever l'excédent de gras.

✱ Salade César

Lavez et épluchez le poivron rouge. Taillez en bâtonnets de 6 cm.
Dans une casserole, faites chauffer l'huile d'olive avec la branche de thym jusqu'à atteindre 100 °C. Plongez les bâtonnets de poivron dans l'huile et mettez la casserole hors du feu et couverte.
Laissez refroidir à température ambiante.
Dans une autre casserole, amenez de l'eau à ébullition avec une cuillère à soupe de vinaigre. Déposez deux œufs délicatement et laissez cuire 11 minutes pour obtenir des œufs durs. Une fois le minuteur arrivé à terme, mettez les œufs dans de l'eau avec de la glace jusqu'à refroidissement complet. Écalez les œufs, coupez-les en deux et séparez le blanc du jaune. Passez chaque partie au tamis pour obtenir une poudre grossière.
Lavez la laitue romaine et taillez grossièrement les feuilles au couteau. Lavez et équeutez le cerfeuil. Lavez et coupez des bâtonnets de 6 mm de ciboulette.

✱ Dressage

Assaisonnez la laitue romaine avec du sel, du poivre et de l'huile d'olive avant de la dresser dans le fond de l'assiette.
Disposez les bâtonnets de poivron sur la salade.
Ajoutez quelques petits points de mayonnaise à la framboise à différents endroits de l'assiette.
Parsemez la salade de poudre de jaune et de blanc d'œuf, puis ajoutez les croûtons.
Coupez quelques morceaux de framboises pour les disposer sur le plat. Décorez le tout de cerfeuil et de ciboulette.
Servez la salade César avec le ramequin de mayonnaise à la framboise.

L'AVIS DU NUTRITIONNISTE

La salade César est un plat bien connu, riche en légumes et en protéines. Avec l'ajout de framboises et de poivrons, on obtient un effet plus sportif, riche en antioxydants.

Spaghetti carbonara • livèche

Portions : **4 personnes**
Type de plat : **plat principal**
Cuisine : **italienne**

Temps de préparation : **10 minutes**
Temps de cuisson : **10 minutes**
Temps total : **20 minutes**

AUTOUR DE LA VIANDE

LA COMPO

- 500 g de spaghettis
- 4 gousses d'ail
- 200 g de lardons fumés
- ½ botte de livèche ou du céleri branche
- 4 jaunes d'œuf
- 15 cl de crème épaisse
- 5 cl lait
- Sel
- Poivre

LES ÉTAPES

- Cuisez les spaghettis dans l'eau bouillante salée pendant le temps indiqué sur le paquet.
- Hachez l'ail et ciselez la livèche.
- Chauffez la poêle et faites revenir les lardons et l'ail haché. Baissez le feu et ajoutez le lait, la crème et la livèche ciselée.
- Ajoutez les pâtes et les jaunes d'œufs à la fin et mélangez bien.
- Salez et poivrez.

✱ Dressage
Déposez les pâtes sur l'assiette et mettez quelques feuilles de livèche dessus.

AIRWAYS

Sole meunière au thym citron • pommes vapeur

Portions :
4 personnes

Type de plat :
plat principal

Cuisine :
française

Temps de préparation :
45 minutes

Temps de cuisson :
25 minutes

Temps total :
1 heure 10

AUTOUR DU POISSON

LA COMPO

✱ Sole meunière

- 2 soles entières de 600 g chacune
- 75 g de farine
- 4 g de sel fin
- 100 g de beurre demi-sel
- 30 g d'huile de colza
- 20 g de persil haché
- 50 g de croûtons de pain
- 2 citrons jaunes (jus et zeste)
- 1 bouquet de thym citron

✱ Pommes vapeur

- 8 pommes de terre
- 25 g de beurre demi-sel
- Fleur de sel

LES ÉTAPES

✱ Sole meunière au thym citron

Enlevez la peau brune des soles avant de les saler et de les fariner des deux côtés.
Mettez la poêle à chauffer avec l'huile de colza, et déposez délicatement les poissons.
Quand les soles sont bien dorées, retournez-les et ajoutez le beurre et le thym citron.
Laissez cuire jusqu'à ce que le beurre prenne une jolie teinte noisette, et retirez la poêle du feu.
Déglacez-la avec le jus de citron et ajoutez le persil haché.
Enfin, ajoutez les croûtons et les zestes de citron.

✱ Pommes vapeur

Lavez et pelez les pommes de terre en les tournant pour leur donner une forme régulière.
Mettez de l'eau à chauffer dans une casserole. Quand celle-ci bout, déposez au-dessus un panier vapeur dans lequel vous aurez préalablement placé les pommes de terre.
Couvrez et laissez cuire une vingtaine de minutes.
Vérifiez que les pommes de terre sont cuites avec la pointe d'un couteau. Celui-ci doit s'enfoncer sans effort.
Lustrez les pommes de terre au beurre fondu et salez.

✱ Dressage

Placez les soles au centre du plat et arrosez avec le beurre de cuisson. Accompagnez de pommes vapeur bien chaudes.

Le plat d'enfance de **Kylian**

Fromage blanc fraises granola

Portions : **4 personnes**
Type de plat : **dessert**
Cuisine : **française**

Temps de préparation : **20 minutes**
Temps de repos : **4 heures**
Temps de cuisson : **15 minutes**
Temps total : **4 heures 35**

AUTOUR DU FRUIT

LA COMPO

✱ Granola

- 100 g de noisettes
- 100 g de pistaches
- 20 g de cerneaux de noix
- 120 g d'amandes entières
- 70 g de graines de tournesol
- 5 g de fleur de sel
- 100 g de miel
- 1 gousse de vanille
- 45 g d'huile de pépins de raisin

✱ Fromage blanc aux fraises

- 400 g de fromage blanc
- 15 g d'huile d'olive
- 8 g de vinaigre de framboise
- 1 gousse de vanille grattée
- 5 fraises

✱ Fraises au miel

- 24 fraises
- 40 g de miel
- 25 g de jus de citron

LES ÉTAPES

✱ Granola

Préchauffez le four à 150 °C.
Mélangez tous les ingrédients dans un saladier.
Cuisez au four à 150 °C, en prenant soin de mélanger toutes les 5 minutes afin d'obtenir une coloration uniforme.

✱ Fromage blanc aux fraises

Mixez 200 g de fromage blanc avec les autres ingrédients avant de réserver au frais en attendant le service.

✱ Fraises au miel

Lavez les fraises, puis extrayez le pédoncule. Coupez-les en 2, avant de les mélanger au miel et au jus de citron, et laissez confire 4 h au frais.

✱ Dressage du dessert

Déposez le fromage frais aux fraises au centre d'une assiette creuse.
Ajoutez une quenelle de fromage frais nature.
Déposez les fraises et le granola.

Yaourt maison vanille abricot

AUTOUR DU FRUIT

Portions :
8 personnes

Type de plat :
dessert

Cuisine :
française

Temps de préparation :
15 minutes

Temps de repos :
une nuit

Temps de cuisson :
8 à 12 heures

Temps total :
entre 8 et 12 h 15 + une nuit

LA COMPO

✱ Coulis d'abricots
- 8 abricots
- 1 citron vert bio

✱ Yaourt à la vanille
- 1 L de lait entier bio
- 1 yaourt nature (ou 1 sachet de ferments lactiques)
- 2 gousses de vanille
- 20 g de lait en poudre

- Matériel nécessaire : yaourtière

LES ÉTAPES

✱ Coulis d'abricots

Mixez les abricots préalablement dénoyautés avec le jus d'un citron vert.
Filtrez le coulis obtenu et réservez au frais.

✱ Yaourt à la vanille

Ouvrez les gousses de vanille en deux dans le sens de la longueur. Prenez un petit couteau pointu et grattez l'intérieur des gousses pour récupérer les petits grains parfumés.
Mélangez la vanille avec le lait, le yaourt (ou le ferment) et le lait en poudre à l'aide d'un fouet.
Répartissez le mélange dans les 8 pots de cuisson.
Faites incuber dans la yaourtière pendant 8 h.
Puis placez les yaourts au frais pendant une nuit et dégustez-les bien frais avec le coulis.

GOAT

PRESNEL KIMPEMBE

FAIT MAISON

Nationalité :
française

Région d'origine :
Île-de-France

N° de maillot :
3

Poste :
défenseur

Date de naissance :
13/08/1995

Ingrédient phare :
concombre

Ustensile utile :
crêpière

Épice favorite :
romarin

L'enfant du club a les crampons bien enracinés dans la capitale. Mais qu'on ne s'y trompe pas, c'est bien à table que « Presko » voyage. Préparez-vous pour une virée gustative explosive avec notre titi parisien.

QATAR
AIRWAYS
3

Semoule de légumes

Portions :
4 personnes

Type de plat :
plat principal

Cuisine :
marocaine

Temps de préparation :
40 minutes

Temps de cuisson :
50 minutes

Temps total :
1 heure 30

100% VÉGÉTARIEN

LA COMPO

- 10 g d'huile d'olive
- 300 g de semoule + le même volume d'eau
- 1 carotte
- 1 branche de céleri
- 1 navet
- 1 courgette verte
- 1 aubergine
- 2 branches de menthe
- 2 branches de coriandre
- 4 tiges de ciboulette

- Matériel nécessaire : mandoline

LES ÉTAPES

- Mettez de l'eau salée à chauffer dans une casserole et portez à ébullition. À côté, disposez la semoule dans un plat avec l'huile d'olive. Versez l'eau bouillante salée sur la semoule et mélangez. Filmez le plat pour que la semoule cuise 6 minutes. Égrainez ensuite la semoule à l'aide d'une fourchette et réservez au réfrigérateur.
- Préchauffez le four à 180 °C, puis préparez les légumes.
- Lavez l'aubergine avant de la rouler dans de l'aluminium. Enfournez 40 minutes, puis laissez refroidir.
  Ouvrez l'aubergine en deux, grattez la pulpe et assaisonnez avec de l'huile d'olive, du sel et du poivre.
  Réservez le mélange au réfrigérateur.
- Réalisez des copeaux de carottes et de radis à l'aide d'une mandoline avant de les plonger dans de l'eau salée.
  Réalisez également des copeaux de courgettes et réservez le tout.
- Enfin, effeuillez la coriandre et la menthe lavées et réservez.
  Taillez des tiges de ciboulette de 8 mm environ.

* Dressage

Dressez la semoule assaisonnée d'huile d'olive, de sel et de poivre sur le tour de l'assiette.
Disposez le caviar d'aubergines avec les copeaux et les bâtonnets de légumes au centre.
Décorez l'assiette à l'aide des feuilles de menthe et de coriandre et des tiges de ciboulette.

Tacos • concombre • canard

Portions : **4 personnes**
Type de plat : **plat principal**
Cuisine : **mexicaine**
Temps de préparation : **40 minutes**
Temps de repos : **2 heures**
Temps de cuisson : **1 heure 30**
Temps total : **4 heures 10**

SNACKING

LA COMPO

✱ Garniture

- 1 avocat
- ½ citron
- 1 tomate
- 1 concombre
- 1 oignon rouge
- 10 cl de crème fraîche épaisse
- 1 botte de ciboulette
- 10 cl de vinaigre
- 50 g de sucre
- 1 pincée de sel

✱ Canard

- 150 g de cuisse de canard hachée
- 1 gousse d'ail
- 1 cl de concentré de tomates
- 1 piment vert
- 10 cl de vin rouge
- 50 g de tomates
- 20 cl d'eau
- 1 magret de canard
- 75 g de sucre
- 3 cl de vinaigre
- 2 cl de sauce soja
- 4 cl d'eau

✱ Dressage

- 8 pains tacos (2 par personne)

LES ÉTAPES

✱ Garniture

Épluchez l'oignon et ciselez-le finement. Réservez.
Taillez le concombre en deux afin d'enlever les pépins centraux. Puis coupez-le en fines lamelles. Dans un saladier, mélangez le vinaigre, le sucre et une pincée de sel, puis mettez le concombre à mariner 1 h. Réservez.
Pressez le citron et gardez le jus.
Ouvrez l'avocat en deux afin d'enlever le noyau, puis enlevez la peau. Écrasez-le ensuite grossièrement à la fourchette et ajoutez le jus de citron.
Taillez finement la ciboulette et réservez.
Coupez la tomate en dés de taille moyenne et réservez.

✱ Canard

Épluchez l'ail et hachez-le. Lavez la tomate et coupez-la en petits dés.
Dans une casserole, faites revenir le canard haché à l'huile. Le canard doit avoir une belle coloration uniforme. Ajoutez l'ail et le concentré de tomates et laissez cuire. Ajoutez ensuite la tomate et le piment vert ciselé. Mouillez au vin rouge et flambez à l'aide d'un chalumeau ou d'une flamme. Laissez réduire de trois quarts, puis ajoutez l'eau.
Laissez frémir tranquillement à feu doux avec un couvercle pendant 1 h 30.
Caramélisez le sucre dans une casserole. Une fois une couleur légèrement brune et uniforme atteinte, déglacez au vinaigre et à la sauce soja. Comme le vinaigre risque d'éclabousser au contact du sucre chaud, veillez à le verser doucement tout en remuant avec un fouet. Une fois le sucre totalement dissout dans le vinaigre, ajoutez l'eau.
Quadrillez le magret de canard au couteau. Démarrez la cuisson

du magret dans une poêle froide, le côté peau doit être contre la face de la poêle. Continuez à feu moyen jusqu'à ce que la peau soit colorée uniformément. Retournez le magret et mettez-le au four 3 minutes à 220 °C. Laissez-le ensuite refroidir dans la même poêle.
Une fois le magret froid, mélangez à la sauce et laissez-le mariner 1 h.
Taillez des aiguillettes dans le sens de la largeur en fonction du nombre de tacos voulu.

* Dressage

Placez les garnitures dans une assiette en séparant la tomate, les oignons rouges, l'avocat, la ciboulette et la crème épaisse.
Garnissez le fond des pains tacos avec les cuisses de canard hachées, puis disposez le concombre et l'aiguillette de magret de canard. Servez.

Salade façon grecque

Portions :
4 personnes

Type de plat :
plat principal

Cuisine :
grecque

Temps de préparation :
15 minutes

Temps total :
15 minutes

100% VÉGÉTARIEN

LA COMPO

- 2 tomates
- 1 poivron vert
- 1 poivron rouge
- 150 g de feta
- 1 concombre
- 50 g d'olives
- 1 oignon rouge
- 1 citron jaune
- 1 cuillère à café d'origan en poudre
- Sel et poivre

LES ÉTAPES

- Lavez les légumes.
- Taillez le concombre, les tomates et la feta en dés et réservez.
- Coupez les poivrons en bâtonnets et réservez.
- Émincez l'oignon en fines tranches et réservez.
- Coupez les olives en deux et réservez.

* Dressage

Mélangez tous les ingrédients dans un bol et assaisonnez avec le zeste et le jus du citron, du sel, du poivre et l'origan en poudre.
Dressez dans un saladier de présentation.

L'AVIS DU NUTRITIONNISTE

Cette salade est riche en antioxydants, que l'on trouve dans le lycopène des tomates, en minéraux et vitamines grâce à son contenu végétal varié. L'ajout de feta permet d'inclure des probiotiques pour assurer une bonne santé digestive aux sportifs.

PARIS
SAINT-GERMAIN

Alokos • caviar d'aubergine • maquereaux

Portions : **4 personnes**
Type de plat : **plat principal**
Cuisine : **ivoirienne**

Temps de préparation : **45 minutes**
Temps de cuisson : **45 minutes**
Temps total : **1 heure 30**

AUTOUR DU POISSON

LA COMPO

✱ Alokos
- 2 bananes plantain
- Sel fin

✱ Caviar d'aubergine
- 1 aubergine
- 20 g de persil
- 2 cl d'huile d'olive
- 1 citron
- 4 g de sel fin

✱ Maquereau
- 2 maquereaux
- Sel fin

✱ Dressage
- 1 botte de persil
- 1 cl d'huile d'olive

- Matériel : friteuse, pince à désarêter, chalumeau.

LES ÉTAPES

✱ Alokos
Chauffez l'huile de la friteuse à 170 °C.
Coupez les bananes plantain en rondelles.
Faites frire les rondelles de plantain pendant 2 minutes afin de les dorer.
Débarrassez à côté et saupoudrez légèrement de sel fin quand les bananes sont encore chaudes.

✱ Caviar d'aubergine
Préchauffez le four à 190 °C et piquez la surface de l'aubergine à l'aide d'une fourchette.
Déposez l'aubergine sur la plaque et badigeonnez-la d'huile d'olive.
Cuisez au four pendant 45 minutes.
Retirez l'aubergine et laissez-la refroidir.
Récupérez la chair d'aubergine à la cuillère et écrasez-la à la fourchette.
Hachez le persil.
Mélangez tous les ingrédients dans un bol et réservez.

✱ Maquereaux
Levez les filets de maquereaux avec le couteau et désarêtez à l'aide d'une pince.
Coupez les filets en rectangle.
Déposez les morceaux de poisson sur le grill et grillez avec le chalumeau. Salez légèrement.

✱ Dressage
Lavez et équeutez le persil pour le dressage.
Déposez quelques points de caviar d'aubergine sur l'assiette, puis déposez les morceaux de plantain dessus.
Posez les morceaux de maquereaux sur les bananes et décorez avec quelques tiges de persil.
Déposez le caviar d'aubergine dans un petit bol à côté, puis arrosez d'huile d'olive avant de servir.

Saumon - brocolis

Portions : **4 personnes**
Type de plat : **plat principal**
Cuisine : **française**

Temps de préparation : **30 minutes**
Temps de cuisson : **15 minutes**
Temps total : **45 minutes**

AUTOUR DU POISSON

LA COMPO

* Saumon grillé et purée de brocolis

- 4 pavés de saumon de 120 g chacune avec la peau écaillée
- 20 g de basilic
- 150 g de brocolis par personne
- 50 ml d'eau
- 50 g d'huile d'olive
- 4 g de sel fin

* Vinaigrette

- 50 pistaches
- 20 g d'estragon
- 3 g de sel fin
- 5 g de vinaigre de pistache (ou du jus de citron)

LES ÉTAPES

* Purée de brocolis et saumon grillé

Conservez le saumon une journée dans le réfrigérateur pour qu'il sèche légèrement.
Dans une poêle chaude, cuisez le poisson côté peau durant 3 minutes avant de retourner et retirer du feu. Mettez le poisson de côté.
Réalisez une purée avec la moitié des brocolis et réservez l'autre moitié pour la garniture.
Blanchissez les têtes de brocolis et refroidissez le légume dans des glaçons pour conserver sa belle couleur verte. Mixez avec le sel, l'huile d'olive et le basilic.
Blanchissez l'autre moitié des brocolis, refroidissez-les avec des glaçons, et coupez les têtes en petits morceaux.

* Vinaigrette

Dans un bol, commencez par mettre le vinaigre de pistache (ou le jus de citron) avec le sel fin. Mélangez bien, ajoutez l'huile d'olive, les pistaches et l'estragon ciselé.
Conservez quelques pluches d'estragon pour le dressage.

* Dressage

Dans une assiette, déposez de la purée de brocolis.
Dessus, ajoutez les têtes de brocolis et quelques pluches d'estragon.
Posez un pavé de saumon à côté, avant de mettre un peu de vinaigrette.
Salez, poivrez et servez sans attendre.

Crêpes au praliné de cacahuètes

PÂTISSERIE

Portions :
8 personnes

Type de plat :
dessert

Cuisine :
française

Temps de préparation :
30 minutes

Temps de repos :
une nuit

Temps de cuisson :
30 minutes

Temps total :
1 heure + 1 nuit

LA COMPO

✱ Pâte à crêpes

- 250 g de farine
- 4 œufs
- 450 ml de lait
- 2 cuillères à soupe de rhum
- 20 g de sucre
- 50 g de beurre

✱ Praliné de cacahuètes

- 500 g de cacahuètes salées
- 250 g de sucre
- 125 ml d'eau

LES ÉTAPES

✱ Pâte à crêpes

Faites fondre le beurre.
Faites tiédir le lait et mélangez ensuite le beurre fondu et le lait.
Versez le liquide sur les ingrédients secs (la farine et le sucre).
Mélangez doucement, puis ajoutez les œufs un par un.
Ajoutez le rhum, et laissez reposer la pâte une nuit au réfrigérateur.
Le lendemain, cuisez la pâte dans une poêle à crêpe avec un trait d'huile de pépins de raisin.

✱ Praliné de cacahuètes

Portez l'eau et le sucre à ébullition. Laissez réduire jusqu'à ce que le mélange prenne une couleur ambrée.
Réservez quelques cacahuètes pour le dressage et versez le reste des arachides dans le caramel. Mélangez en continu pendant 5 minutes en restant à feu doux.
Faites refroidir le mélange avant de le passer au mixeur.

✱ Dressage du dessert

Pliez les crêpes en 4 avant de les superposer. Nappez le tout du praliné de cacahuètes et saupoudrer de cacahuètes concassées.

L'AVIS DU NUTRITIONNISTE

Quelques jours par semaine, il est intéressant d'inclure du beurre de cacahuètes au régime d'un sportif en raison de sa teneur élevée en protéines, et de le présenter de différentes manières, les crêpes étant une bonne option pour un snack sportif.

Le plat d'enfance de ***Presnel***

Crème brûlée au romarin

Portions : **4 personnes**

Type de plat : **dessert**

Cuisine : **française**

Temps de préparation : **20 minutes**

Temps de cuisson : **40 minutes**

Temps total : **1 heure**

PÂTISSERIE

LA COMPO

- 20 cl de crème fraîche
- 20 cl de lait entier
- 4 jaunes d'œufs
- 30 g de miel
- 25 g de sucre en poudre
- 1 branche de romarin

- Matériel nécessaire : chalumeau

LES ÉTAPES

- Avant d'entamer la préparation, préchauffez le four à 120 °C.
- Portez à frémissement le lait, la crème fraîche et le miel, puis ajoutez le romarin équeuté. Laissez infuser 10 à 12 minutes.
- Pendant ce temps, dans un saladier, faites blanchir les jaunes d'œufs avec le sucre en poudre en battant énergiquement au fouet.
- Retirez le romarin de la casserole et versez le mélange lait-crème-miel sur les œufs battus avec le sucre sans cesser de mélanger.
- Répartissez le mélange dans quatre ramequins à crème brûlée.
- Enfournez 40 minutes environ : les crèmes doivent être prises.
- Laissez refroidir et réservez au frais.

*** Dressage du dessert**

Au moment du service, saupoudrez les crèmes de sucre.

Faites caraméliser au chalumeau ou sous le gril du four et dégustez sans attendre.

PARIS
QATAR

VISIT

WARREN ZAÏRE-EMERY

LE JEUNE PRODIGE

Nationalité :
française

Région d'origine :
Île-de-France

N° de maillot :
33

Poste :
milieu de terrain

Date de naissance :
08/03/2006

Ingrédient phare :
saumon

Ustensile utile :
appareil à croque-monsieur

ne mange pas épicé

Jeune joueur très prometteur du Paris Saint-Germain, Warren Zaïre-Emery ne doit pas son record de plus jeune buteur du club en Ligue 1 au hasard. Devoirs dans la voiture en rentrant de l'entraînement, débriefs avec son père après chaque match et – surtout – des repas équilibrés partagés avec sa grand-mère, en famille. La recette du succès ?

QATAR
AIRWAYS
33
PARIS

Croustillant patate douce - quinoa

Portions :
4 personnes

Type de plat :
plat principal

Cuisine :
française

Temps de préparation :
1 heure

Temps de cuisson :
1 heure 20

Temps total :
2 heures 20

LA COMPO

- 4 patates douces
- 50 g de crème fraîche
- 4 g de poudre de cannelle
- Sel fin
- 200 g de quinoa
- 1 L d'huile de colza
- ½ botte de cerfeuil

- Matériel nécessaire : friteuse

100% VÉGÉTARIEN

LES ÉTAPES

Préchauffez le four à 180 °C. Lavez les patates douces et emballez-les dans du papier aluminium. Enfournez 50 minutes, puis laissez refroidir.
Ouvrez les patates en deux, récupérez la pulpe sans abîmer la peau et conservez celle-ci de côté.

* Mélange patate douce

Mixez 500 g de pulpe de patate douce avec la crème, la cannelle et le sel et réservez.

* Poudre de quinoa et de patate douce

Blanchissez le quinoa dans de l'eau bouillante pendant 10 minutes. Laissez refroidir avant de le frire dans l'huile chaude à 220 °C pendant 10 secondes. Déposez-le sur une plaque recouverte de papier alimentaire pour enlever l'excédent de gras.
Baissez la température de l'huile à 180 °C. Étalez 200 g de pulpe de patate douce sur le papier cuisson et mettez-la à sécher dans le four à 140 °C pendant 10 minutes. Faites ensuite frire la pulpe avant de la redéposer sur du papier alimentaire, toujours pour absorber les excédents de gras.
Passez la pulpe de patate douce au mixeur pour obtenir de la poudre.
Enfin, mélangez le quinoa frit et la poudre de patate douce.

* Coques de patates douces frites

Toujours dans un bain d'huile à 180 °C, faites frire les coques de patates douces jusqu'à obtenir une légère coloration. Posez-les sur une grille pour enlever l'excédent de gras. Saupoudrez d'une pincée de sel fin tant que les coques sont encore chaudes. Laissez ensuite refroidir.
Lavez et équeutez la demi-botte de cerfeuil.

* Dressage

Remplissez les coques du mélange de patate douce et couvrez avec la poudre de quinoa et de patate douce. Saupoudrez légèrement de fleur de sel.
Puis déposez sur de belles assiettes et parsemez de quelques feuilles de cerfeuil. Dégustez sans attendre.

L'AVIS DU NUTRITIONNISTE

La patate douce est un excellent glucide du fait de son index glycémique modéré, en plus d'être riche en fibres et en minéraux. En association avec le quinoa, nous avons une excellente combinaison avec une protéine de qualité.

Saumon gravlax • épinards

Portions : **4 personnes**
Type de plat : **plat principal**
Cuisine : **française**

Temps de préparation : **1 heure 30**
Temps total : **1 heure 30**

AUTOUR DU POISSON

LA COMPO

✱ Saumon gravlax

- 1 citron jaune bio
- 1 citron vert bio
- 1 orange bio
- 20 baies de genièvre
- 100 g d'oignon blanc
- 100 g de céleri blanc
- 1 botte d'aneth
- 100 g de sucre
- 200 g de gros sel
- 400 g de saumon frais

✱ Garniture

- 50 g de pousses d'épinards
- 25 g d'huile d'olive extra vierge

LES ÉTAPES

- Préparez les ingrédients : zestez le citron jaune, le citron vert et l'orange ; ciselez finement l'oignon et le céleri ; écrasez les baies de genièvre.
- Mélangez ensuite tous ces ingrédients (en conservant quelques baies de genièvre pour le dressage) dans un bol avec le sucre et le gros sel.
- Faites mariner le saumon dans la préparation pendant 1 h 10.
- Retirez l'excédent de sel sur le saumon et séchez le poisson avec de l'essuie-tout.
- Coupez le saumon mariné en tranches de 0,5 mm d'épaisseur pour réaliser des rectangles.
- Lavez les pousses d'épinards et enlevez l'excédent d'eau.

✱ Dressage

Sur une assiette, dressez les tranches de saumon arrosées d'un filet d'huile d'olive, et disposez les feuilles d'épinards tout autour. Pas besoin de saler, mais saupoudrez de baies de genièvre pour parfumer.

L'AVIS DU NUTRITIONNISTE

Grâce à sa teneur en acides gras essentiels, le saumon est un excellent poisson à introduire après l'entraînement. Si l'on ajoute des épinards, on enrichit ce plat de fer et de vitamines du groupe B, cruciales pour le métabolisme énergétique.

Tartelettes au fromage de chèvre

Portions :
4 personnes

Type de plat :
plat principal

Cuisine :
française

Temps de préparation :
40 minutes

Temps de cuisson :
35 minutes

Temps total :
1 heure 15

100% VÉGÉTARIEN

LA COMPO

✳ Pâte à tarte

- 4 g de sel fin
- 19 g d'eau
- 168 g de farine T55
- 75 g de beurre doux
- 50 g d'œufs

✳ Appareil

- 270 g de bûche de chèvre
- 2 œufs
- 30 g de crème fraîche
- 20 g de miel
- 1 g de sel fin

✳ Dressage

- 12 tranches de bûche de chèvre
- 20 g de miel
- Quelques feuilles de thym

LES ÉTAPES

✳ Pâte à tarte

Déposez la farine, le sel et les œufs dans un saladier. Coupez le beurre en petits morceaux. Effritez et travaillez le mélange à la main. Ajoutez l'eau progressivement, tout en continuant à pétrir jusqu'à l'obtention d'une boule. Laissez la pâte reposer 30 minutes avant de l'étaler sur les moules à tartelette. Piquez la pâte à l'aide d'une fourchette à plusieurs endroits pour éviter qu'elle gonfle à la cuisson.

✳ Appareil

Fouettez les œufs dans le saladier, puis ajoutez le reste des ingrédients. Mélangez bien.

✳ Dressage

Préchauffez le four à 175 °C.
Versez le mélange sur les fonds de tartelettes au tiers de la hauteur. Déposez trois tranches de fromage de chèvre sur chaque tartelette. Déposez du miel sur le dessus à l'aide d'un pinceau pour la pâtisserie et saupoudrez de thym. Enfournez 30 minutes et dégustez.

Croque-monsieur - mesclun

Portions :
4 personnes

Type de plat :
plat principal

Cuisine :
française

Temps de préparation :
15 minutes

Temps de cuisson :
5 minutes

Temps total :
20 minutes

SNACKING

LA COMPO

✱ Sauce béchamel
- 25 cl de lait
- 15 g de farine
- 15 g de beurre
- 1 pincée de noix de muscade
- Sel et poivre

✱ Croque-monsieur
- 8 tranches de 1 cm de pain de campagne
- 4 tranches de jambon
- 20 g de fromage râpé

✱ Mesclun
- 300 g de mesclun
- 15 g de moutarde
- 25 g de vinaigre balsamique
- 8 cl d'huile d'olive
- Sel et poivre

LES ÉTAPES

✱ Sauce béchamel

Faites fondre le beurre dans une casserole, puis ajoutez la farine hors du feu et mélangez le tout au fouet afin d'obtenir une pâte qui colle légèrement au fond de la casserole.
Ajoutez un quart du lait et fouettez énergiquement pour éviter la formation de grumeaux, avant d'ajouter le reste du lait.
Replacez sur feu doux et laissez épaissir quelques minutes, tout en mélangeant régulièrement.
Salez, poivrez et parfumez avec la noix de muscade.

✱ Mesclun

Lavez la salade et égouttez-la avant de l'essorer. Réservez.
Mélangez la moutarde avec le vinaigre et une pincée de sel à l'aide d'un fouet. Ajoutez progressivement l'huile pour faire monter la vinaigrette.
Poivrez et réservez.

✱ Croque-monsieur

Beurrez les 8 tranches de pain sur une seule face.
Posez une tranche de jambon pliée en deux sur la face non beurrée de 4 tranches de pain.
Disposez deux cuillères à soupe de béchamel sur le jambon.
Recouvrez avec les autres tartines (face non beurrée au-dessus).
Répartissez le reste de la béchamel sur le dessus des croque-monsieur et finissez en disposant le fromage râpé sur la béchamel.
Enfournez sur position grill à 250 °C pendant 4 à 6 minutes.

✱ Dressage

Déposez délicatement un croque-monsieur par assiette.
Servez la salade à côté, la vinaigrette dans une saucière à disposition.

PARIS
SAINT · GERMAIN

Crevettes • asperges blanches • sauce cocktail

Portions : **4 personnes**
Type de plat : **plat principal**
Cuisine : **française**

Temps de préparation : **35 minutes**
Temps de cuisson : **10 minutes**
Temps total : **45 minutes**

AUTOUR DU POISSON

LA COMPO

✱ Sauce cocktail

- 1 jaune d'œuf
- 5 g de moutarde
- 5 g de vinaigre de xérès
- 3 g de sel fin
- 200 g d'huile de colza
- 100 g de ketchup
- 10 g de cognac
- 2 gouttes de tabasco
- 5 g de sauce Worcester

✱ Crevettes

- 12 crevettes
- 1 L d'eau
- 20 g de sel fin
- 100 ml de vin blanc

✱ Garniture

- 8 asperges blanches
- 1 pamplemousse
- 20 g de cerfeuil

LES ÉTAPES

✱ Sauce cocktail

Réalisez une mayonnaise : mélangez d'abord la moutarde, le jaune d'œuf, le vinaigre et le sel, puis montez la mayonnaise avec l'huile.
Une fois la mayonnaise réalisée, ajoutez le ketchup, le cognac, le tabasco et la sauce Worcester.

✱ Crevettes

Mettez l'eau à chauffer, puis ajoutez du sel et du vin blanc. Blanchissez les crevettes en les plongeant 1 minute 40 dans la casserole, avant de les déposer sur de la glace pour les rafraîchir. Épluchez-les.

✱ Garniture

Épluchez et découpez le pamplemousse en quartiers et réservez. Épluchez les asperges blanches, puis plongez-les 5 minutes dans l'eau bouillante jusqu'à obtenir une texture fondante.
Tout comme les crevettes, refroidissez-les sur un lit de glace, puis salez et découpez les asperges en tronçons.

✱ Dressage

Dans une assiette, disposez les tronçons d'asperges, les crevettes, et assaisonnez d'un filet d'huile d'olive et d'un peu de fleur de sel.
Intercalez les quartiers de pamplemousse entre les crevettes, puis parsemez de cerfeuil.
Dégustez avec la sauce cocktail.

Fraises au sucre chantilly berlingot

Portions : **8 personnes**
Type de plat : **dessert**
Cuisine : **française**
Temps de préparation : **30 minutes**
Temps de repos : **1 heure**
Temps de cuisson : **15 minutes**
Temps total : **1 heure 45**

AUTOUR DU FRUIT

LA COMPO

- 750 g de fraises fraîches
- Le jus d'un ½ citron jaune
- 75 g de cassonade

✱ Chantilly à la vanille

- 500 g de crème liquide
- 1 gousse de vanille
- 75 g de sucre glace
- 50 g de mascarpone

✱ Berlingot de sucre

- 200 g de trimoline
- 100 g de glucose (ou acheter 160 g de berlingots déjà tout prêts)

- Matériel nécessaire : thermomètre de cuisson

LES ÉTAPES

Coupez les fraises en deux.
Mélangez les fruits avec le sucre et le jus de citron, et laissez reposer minimum 1 heure au réfrigérateur.

✱ Chantilly à la vanille

Faites monter tous les ingrédients au batteur.
Ouvrez la gousse de vanille en deux et grattez l'intérieur avec la pointe d'un petit couteau.
Incorporez les grains dans les derniers tours du batteur.

✱ Berlingot de sucre

Réalisez un sirop en montant les ingrédients à 170 °C (utilisez un thermomètre de cuisine pour vérifier), puis versez le mélange sur un papier cuisson.
Tissez des lanières avec le mélange une fois qu'il a suffisamment tiédi pour être manipulé, et coupez le tout en petits berlingots quand le sucre est tiède.

✱ Dressage du dessert

Prenez un joli saladier que vous allez garnir généreusement en crème chantilly, morceaux de fraise et berlingots de sucre.

Carpaccio mangue citron vert

Portions :
8 personnes
Type de plat :
dessert
Cuisine :
française

Temps de préparation :
30 minutes
Temps de cuisson :
5 minutes
Temps total :
35 minutes

AUTOUR DU FRUIT

LA COMPO

✱ Sirop de citron vert

- 100 ml d'eau
- 20 g de coulis ou de jus de mangue
- 1 jus de citron vert

✱ Carpaccio de mangue

- 2 mangues bien mûres
- 1 zeste de citron vert bio

LES ÉTAPES

Portez les ingrédients du sirop à ébullition, puis réservez au frais.
Épluchez les mangues et enlevez le noyau.

✱ Dressage du dessert

À l'aide d'un couteau bien aiguisé, détaillez de fines lamelles de mangue sur le plat de présentation. Puis, avec un pinceau, badigeonnez-les de sirop de citron vert.
Zestez le citron vert et parsemez sur le carpaccio.
Dégustez bien frais.

QATAR
AIRWAYS
33

DANILO PEREIRA

FFF : FUTEBOL, FADO ET FEIJOADA

Nationalité :
portugaise

Région d'origine :
Bissau (Guinée-Bissau)

N° de maillot :
15

Poste :
milieu de terrain

Date de naissance :
09/09/1991

Ingrédient phare :
poulet

Ustensile utile :
barbecue

Épice favorite :
sel

Lorsqu'il n'est pas sur le terrain, Danilo Pereira aime rester chez lui ou découvrir de nouveaux restaurants dans la capitale. Celui qui a vécu dans plusieurs pays (Guinée-Bissau, Portugal, Grèce, Pays-Bas) avant de s'installer en France s'imprègne de ces différentes inspirations et n'a pas peur de goûter des saveurs inédites !

QATAR
AIRWAYS

Bacalhau à brás

Portions : **4 personnes**
Type de plat : **plat principal**
Cuisine : **portugaise**

Temps de préparation : **30 minutes**
Temps de cuisson : **15 minutes**
Temps de repos : **4 heures**
Temps total : **4 heures 45**

AUTOUR DU POISSON

LA COMPO

✱ Morue
- 2 pavés de morue (400 g environ)
- 300 cl de lait
- 1 bouquet garni
- 1 gousse d'ail

✱ Pomme de terre frite
- 2 pommes de terre
- 500 cl d'huile de colza

✱ Œufs brouillés
- 50 g beurre doux
- 8 œufs
- Sel fin
- Poivre

✱ Garniture
- 60 g d'olives noires
- 20 g de graines de courge
- Quelques feuilles d'aneth

- Matériel nécessaire : friteuse

LES ÉTAPES

✱ Morue
Laissez dessaler la morue dans de l'eau pendant 4 heures avant de commencer la préparation.
Cuisez la morue dans le lait avec l'ail et le bouquet garni à feu doux pendant 5 minutes.
Découpez la morue en petites tranches.

✱ Pomme de terre frite
Découpez les pommes de terre en frites fines à l'aide d'une mandoline.
Chauffez l'huile à 170 °C, puis plongez les frites dedans.
Faites frire pendant 20 secondes afin de les colorer légèrement.

✱ Œufs brouillés
Dans un bol, fouettez les œufs, salez et poivrez.
Faites fondre le beurre dans une poêle à feu moyen. Versez le mélange d'œufs dans la poêle et cuisez-le jusqu'à ce que les œufs épaississent et qu'il ne reste plus de liquide visible. Il ne faut pas que les œufs soient secs.

✱ Dressage
Placez un emporte-pièce sur une assiette, remplissez-le de tranches de morue et d'œufs brouillés.
Retirez l'emporte-pièce et décorez l'assiette avec les pommes de terre frites, les olives noires, les graines de courges et les feuilles d'aneth.

L'AVIS DU NUTRITIONNISTE

Le cabillaud est un poisson pauvre en graisses et très digeste, et cette préparation est une solution pour ceux qui ne mangent pas assez de poisson blanc.

Frites de plantain mayonnaise allégée

Portions : **4 personnes**
Type de plat : **plat principal**
Cuisine : **brésilienne**

Temps de préparation : **10 minutes**
Temps de cuisson : **5 minutes**
Temps total : **15 minutes**

SNACKING

LA COMPO

✱ Frites de plantain
- 4 bananes plantain
- 400 cl d'huile de colza
- Sel fin

✱ Mayonnaise allégée
- 1 jaune d'œuf
- 2 g de moutarde (½ cc)
- 200 g de fromage blanc 0 % de M.G.
- 2 g de sel fin
- ½ citron

- Matériel nécessaire : friteuse et mandoline

LES ÉTAPES

✱ Frites de plantain

Chauffez l'huile à 170 °C.
Coupez les bananes plantain en petits bâtonnets de 4 cm à l'aide d'une mandoline.
Faites frire les bâtonnets pendant 2 minutes afin qu'ils soient bien dorés.
Débarrassez à côté et saupoudrez légèrement de sel fin pendant que les frites sont encore chaudes.

✱ Mayonnaise allégée

Fouettez le jaune d'œuf dans un bol.
Mélangez ensuite tous les ingrédients restants.

✱ Dressage

Déposez les frites de plantain dans un bol.
Servez avec la mayonnaise allégée à part.

Feijoada

Portions : **4 personnes**
Type de plat : **plat principal**
Cuisine : **brésilienne**

Temps de préparation : **30 minutes**
Temps de cuisson : **40 minutes**
Temps total : **1 heure 10**

AUTOUR DE LA VIANDE

LA COMPO

✱ Garniture

- 400 g de haricots noirs en conserve
- 2 carottes
- 2 oignons
- 1 branche de thym
- 1 feuille de laurier
- 4 cuillères à café de paprika
- 2 saucisses fumées
- 1 chorizo fort
- 150 g de lardons
- 10 ml d'huile d'olive
- 300 g de bouillon de légumes

✱ Riz

- 280 g de riz
- 40 cl eau

LES ÉTAPES

✱ Garniture

Égouttez les haricots noirs.
Épluchez les oignons et les carottes.
Émincez les oignons
Taillez les carottes en rondelles.
Taillez le chorizo et les saucisses en tranches régulières.
Dans une casserole, faites revenir les saucisses et le chorizo à l'huile d'olive sans qu'ils changent de coloration.
Ajoutez les oignons jusqu'à obtenir une légère coloration brune.
Ajoutez les carottes ainsi que la branche de thym et la feuille de laurier.
Laissez cuire le tout quelques minutes.
Ajoutez le paprika au mélange et faites cuire en laissant apparaître une légère croûte au fond de la casserole.
Ajoutez les haricots noirs égouttés et laissez cuire le tout quelques minutes en mouillant avec le bouillon de légumes.
Laissez cuire à couvert pendant 30 minutes.
Retirez la branche de thym et réservez.

✱ Riz

Faites bouillir de l'eau salée dans une casserole, versez le riz en pluie et mélangez immédiatement pour empêcher les grains de coller.
Laissez frémir à feu moyen 11 minutes environ.
Égouttez à l'aide d'une passoire, puis rincez le riz à l'eau chaude.
Réservez.

✱ Dressage

Déposez le riz dans un ramequin.
Dressez la *feijoada* dans le fond de l'assiette.
Décorez avec les rondelles de carottes et les feuilles de laurier.

L'AVIS DU NUTRITIONNISTE

L'intérêt de ce plat réside dans l'utilisation de légumineuses, qui, du fait de leur composition en protéines végétales, sont très intéressantes pour le sportif.

Escalope de dinde à la crème • riz pilaf

Portions :
4 personnes
Type de plat :
plat principal
Cuisine :
française

Temps de préparation :
30 minutes
Temps de cuisson :
30 minutes
Temps total :
1 heure

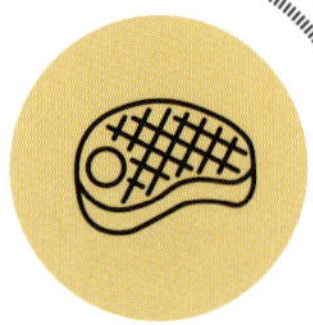

LA COMPO

✱ Riz pilaf
- 200 g de riz basmati
- 15 cl d'huile d'olive
- ½ oignon
- 300 g de fond blanc
- 1 bouquet garni
- 2 g de sel fin

✱ Escalopes de dinde
- 4 escalopes de dinde
- 2 échalotes
- 350 g de crème fraîche épaisse
- Sel et poivre

✱ Garniture
- 200 g de champignons de Paris

LES ÉTAPES

✱ Riz pilaf
Épluchez et émincez l'oignon. Faites-le revenir dans une poêle avec de l'huile et le riz jusqu'à ce que celui-ci devienne translucide.
Ajoutez le fond blanc, le sel et le bouquet garni.
Couvrez et réduisez le feu.
Attendez la complète absorption du liquide et retirez du feu.
Réservez au chaud.

✱ Escalopes de dinde à la crème
Déposez les escalopes dans une poêle chaude et faites-les revenir 5 minutes, en n'oubliant pas de les retourner.
Retirez les escalopes et déglacez la poêle avec la crème, en grattant bien les sucs de cuisson avec une spatule en bois.
Ajoutez l'échalote préalablement coupée en brunoise (en tout petits cubes) et faites cuire 2 minutes à feu moyen.
Salez, poivrez et réservez au chaud.

✱ Garniture
À la toute fin de la préparation pour éviter qu'ils s'oxydent, coupez les champignons en brunoise.

✱ Dressage
Nappez l'assiette avec la sauce à la crème.
Déposez dessus la brunoise de champignons, puis l'escalope.
Servez le riz pilaf à côté.

L'AVIS DU NUTRITIONNISTE

Le riz est une source importante d'hydrates de carbone pour le sportif. Il est également riche en fibres et en minéraux, selon qu'il s'agit de riz complet ou non. Il peut être combiné avec tout.

Daurade en croûte de sel

Portions : **4 personnes**
Type de plat : **plat principal**
Cuisine : **portugaise**

Temps de préparation : **10 minutes**
Temps de cuisson : **15 minutes**
Temps total : **25 minutes**

AUTOUR DU POISSON

LA COMPO

- 1 daurade de 2 kg
- 1,5 kg de gros sel
- 100 g de blancs d'œufs
- 100 g d'huile d'olive extra vierge

LES ÉTAPES

- Préchauffez le four à 220 °C.
- Écaillez la daurade, videz-la (si le poissonnier ne l'a pas déjà fait) et séchez le poisson avec un torchon propre.
- Mélangez dans un bol le gros sel et les blancs d'œufs pour réaliser une pâte.
- Divisez la pâte ainsi obtenue en deux parts égales. Étalez les deux boules sur du papier cuisson de manière à ce que chacune d'elles fasse la taille de la daurade.
- Disposez le poisson sur l'une des pâtes étalées, ajoutez du gros sel, puis fermez avec la seconde pâte en ajoutant de nouveau du gros sel.
- Enfournez et cuisez le poisson 15 minutes. Puis laissez reposer le poisson 5 minutes avec la porte du four ouverte.

* Dressage

Cassez la croûte de sel, retirez la peau de la daurade. Déposez la chair du poisson sur une assiette et servez avec un généreux filet d'huile d'olive.

L'AVIS DU NUTRITIONNISTE

J'aime les poissons pauvres en graisses et faciles à manger, qui assurent au sportif une digestion aisée et une source de protéines, la daurade en est un bon exemple.

Le plat d'enfance de **Danilo**

Baba de camelo

LA COMPO

- 1 kg de lait concentré sucré
- 8 œufs
- 48 amandes blanches émondées

PÂTISSERIE

Portions : **8 personnes**

Type de plat : **dessert**

Cuisine : **portugaise**

Temps de préparation : **15 minutes**

Temps de cuisson : **40 minutes**

Temps de repos : **1 heure**

Temps total : **1 heure 55**

LES ÉTAPES

- Déposez les boîtes de lait concentré sucré fermées dans une cocotte remplie à moitié d'eau pendant 40 minutes. Laissez refroidir 30 minutes.
- Séparez les blancs des jaunes : battez les jaunes dans un saladier et montez les blancs en neige.
- Ouvrez les boîtes de lait concentré et ajoutez le contenu aux jaunes d'œufs, puis incorporez délicatement les blancs montés en neige.
- Versez le baba de camelo dans le plat qui servira au service (veillez à ce qu'il soit assez grand), ajoutez les amandes fraîches dessus et laissez reposer au frais 1 heure minimum.

Pastel de Belém

Portions :
8 personnes
Type de plat :
dessert
Cuisine :
portugaise

Temps de préparation :
10 minutes
Temps de cuisson :
15 minutes
Temps total :
25 minutes

PÂTISSERIE

LA COMPO

- 20 g de farine
- 170 ml de lait entier
- 140 g de sucre
- 80 ml d'eau
- 3 jaunes d'œufs
- 1 zeste de citron jaune bio/non traité
- 1 bâton de cannelle
- 1 pâte feuilletée

LES ÉTAPES

- Préchauffez le four à 220 °C.
- Étalez la pâte feuilletée avant de la rouler sur elle-même. Découpez le roulé ainsi obtenu en huit parts égales.
- Graissez huit petits moules avant de déposer un tronçon de pâte.
  Aplatissez cette dernière pour qu'elle épouse parfaitement la forme du moule.
- Prenez une casserole de taille moyenne pour porter l'eau à ébullition avec le lait, le sucre et la farine.
  Fouettez le mélange en continu.
- Enlevez la casserole du feu et ajoutez les trois jaunes d'œufs dans la préparation tiédie.
- Déposez cette crème sur la pâte dans chaque moule.
- Enfournez et faites cuire 15 minutes.

QATAR
AIRWAYS

KANG-IN
LEE

TOUT FEU, TOUT FLAMME

Nationalité :
sud-coréenne

Région d'origine :
Incheon

N° de maillot :
19

Poste :
milieu de terrain

Date de naissance :
19/02/2001

Ingrédient phare :
champignons de Paris

Ustensile utile :
gaufrier

Épice favorite :
piment

La première chose que Kang-In Lee a faite en arrivant en France ? Manger ! Cette bouche sucrée sud-coréenne profite de son recrutement au Paris Saint-Germain pour découvrir la gastronomie et les pâtisseries françaises. Sans pour autant oublier ses traditionnels repas de famille, qu'il organise dès qu'il a un jour de repos !

PARIS
QATAR
AIRWAYS

Pajeon

Portions : **4 personnes**

Type de plat : **plat principal**

Cuisine : **sud-coréenne**

Temps de préparation : **30 minutes**

Temps de cuisson : **10 minutes**

Temps total : **40 minutes**

100% VÉGÉTARIEN

LA COMPO

✱ Sauce

- 100 g de sauce soja
- 50 ml d'eau
- 15 g de sucre
- 10 ml de vinaigre de cidre
- 2 g de poudre de piment
- 10 g de piment vert

✱ Pâte à pajeon

- 200 g de farine
- 5 g de sel fin
- 1 g de levure
- 1 œuf

✱ Pajeon

- 1 carotte
- 1 courgette verte
- 2 oignons nouveaux
- 1 oignon
- 5 g de sel fin
- 40 g d'huile de colza

✱ Dressage

- Coriandre
- Ciboulette

- Matériel nécessaire : mandoline

LES ÉTAPES

✱ Sauce

Coupez les piments en rondelles et ajoutez le reste des ingrédients.
Mélangez bien et réservez.

✱ Pâte à pajeon

Dans un bol, battez l'œuf avant d'ajouter les autres ingrédients.

✱ Pajeon

Coupez la carotte et la courgette en fine julienne avec une mandoline. Taillez des tiges d'oignon nouveau de 5 cm et émincez l'oignon.
Versez le tout dans un bol avant d'y ajouter la pâte à *pajeon* et mélangez doucement.
Chauffez une poêle à feu moyen avec de l'huile de colza, versez le mélange et laissez cuire jusqu'à obtenir une coloration bien dorée.

✱ Dressage

Lavez et équeutez la coriandre et coupez la ciboulette en tronçons de 3 cm.
Déposez le *pajeon* sur une belle assiette et parsemez de coriandre et de ciboulette.
Servez avec la sauce à côté et dégustez sans attendre.

Japchae

Portions :
4 personnes

Type de plat :
plat principal

Cuisine :
sud-coréenne

Temps de préparation :
30 minutes

Temps de repos :
2 heures

Temps de cuisson :
10 minutes

Temps total :
2 heures 40

AUTOUR DE LA VIANDE

LA COMPO

✱ Japchae

- 120 g de vermicelles de patate douce
- 1 poivron rouge
- 1 poivron vert
- 1 poivron jaune
- 1 oignon
- 1 carotte
- 1 oignon nouveau
- 50 g de champignons Oreille-de-Judas
- 120 g d'échine de porc
- Huile de colza
- Sel

✱ Sauce

- 200 g de sauce soja
- 40 g de sucre
- 15 g d'huile de sésame
- 5 g de poivre moulu

✱ Dressage

- 10 g de graines de chanvre
- 1 botte de ciboulette
- Quelques feuilles de coriandre

- Matériel nécessaire : mandoline

LES ÉTAPES

- Faites tremper les vermicelles dans un bol d'eau tiède pendant 2 heures. Montez de l'eau à ébullition dans une casserole et mettez les vermicelles à cuire 3 minutes afin de les avoir translucides et bien souples.
  Égouttez et réservez.
- Mélangez bien tous les ingrédients qui composent la sauce.
  Réservez.
- Coupez les trois poivrons en bâtonnets de 4 cm.
  Émincez l'oignon.
  Coupez la carotte en fine julienne avec une mandoline.
  Coupez des tiges d'oignon nouveau de 4 cm.
- Faites revenir les légumes séparément dans des poêles bien chaudes avec un filet d'huile.
  Salez légèrement chaque poêlée de légumes.
- Coupez l'échine de porc en fines tranches et faites revenir à la poêle dans un filet d'huile.
  Ajoutez une petite pincée de sel.
- Mettez un peu d'huile à chauffer dans une sauteuse.
  Versez-y les vermicelles, les légumes, la viande et la sauce, et laissez cuire 2 minutes en mélangeant bien.

✱ Dressage

Émincez la ciboulette en bâtonnets de 3 cm et équeutez la coriandre.
Déposez le *japchae* sur une belle assiette et décorez avec les herbes.
Saupoudrez le plat de graines de chanvre et dégustez bien chaud.

Bibimpap

Portions :
4 personnes

Type de plat :
plat principal

Cuisine :
sud-coréenne

Temps de préparation :
30 minutes

Temps de cuisson :
20 minutes

Temps total :
50 minutes

AUTOUR DE LA VIANDE

LA COMPO

- 400 g de riz rond
- 400 ml d'eau
- 200 g de bœuf haché
- 5 cl d'huile de colza
- Sel fin
- 100 g de pousses de soja
- 1 carotte
- 1 courgette verte
- 1 navet long
- 100 g de champignons shiitakés
- 120 g d'épinards
- 4 œufs
- 40 g de pâte de gochujang (pâte de piments rouges)

- Matériel nécessaire : mandoline

LES ÉTAPES

- Dans une casserole, versez le riz dans l'eau froide. Portez à ébullition et remuez pour détacher les grains. Couvrez et faites cuire à feu doux 13 à 15 minutes, jusqu'à ce que le liquide soit complètement absorbé. Éteignez le feu, remuez de nouveau et laissez reposer 5 minutes à couvert.
- En parallèle, faites revenir le bœuf haché dans l'huile de colza avec une pincée de sel. Réservez.
- Préparez la garniture : coupez la carotte, la courgette et le navet en une fine julienne avec une mandoline. Émincez les champignons, équeutez et rincez les épinards. Faites revenir les légumes séparément dans une poêle bien chaude avec un filet d'huile et une pincée de sel. Réservez.
- Enfin, mettez à cuire les œufs au plat.

✱ Dressage

Placez le riz dans un bol et disposez les légumes et la viande tout autour sans les mélanger.
Disposez l'œuf au centre et servez avec la pâte de piments à côté.

Corn dog

Portions : **4 personnes**

Type de plat : **plat principal**

Cuisine : **sud-coréenne**

Temps de préparation : **20 minutes**

Temps de cuisson : **10 minutes**

Temps total : **30 minutes**

SNACKING

LA COMPO

- 8 saucisses à hot dog
- 1 pomme de terre
- 200 g de farine de blé
- 200 g de farine de maïs
- 40 g de sucre
- 80 ml de lait
- 4 œufs
- 2 g de levure chimique
- 6 g de sel fin
- 150 g de panko (chapelure japonaise réalisée à partir de pain blanc sans croûte)
- 500 g d'huile de colza

- Matériel nécessaire : friteuse

LES ÉTAPES

- Coupez la pomme de terre en brunoise de 1,5 cm et faites-la cuire à l'eau bouillante pendant 3 minutes. Laissez refroidir et réservez.
- Dans un bol, mélangez les farines, le sucre, la levure et le sel. Ajoutez le lait et les œufs, et mélangez jusqu'à obtenir une pâte bien lisse et homogène.
- Versez le mélange dans un récipient haut afin de pouvoir y plonger les saucisses.
- Insérez une pique en bois dans les saucisses jusqu'aux trois quarts avant de les plonger dans la pâte pour les enrober entièrement.
- Roulez quatre d'entre elles dans le panko, et collez les morceaux de pomme de terre cuite sur les quatre autres.
- Chauffez l'huile à 180 °C et faites frire les corn dogs 5 minutes jusqu'à ce qu'ils soient bien dorés.
- Déposez-les sur du papier absorbant pour enlever l'excédent de gras.

✱ Dressage

Déposez les corn dogs sur une assiette et servez-les avec du ketchup, de la mayonnaise maison et de la moutarde.

Omurice

Portions :
4 personnes

Type de plat :
plat principal

Cuisine :
japonaise

Temps de préparation :
40 minutes

Temps de cuisson :
20 minutes

Temps total :
1 heure

AUTOUR DE LA VIANDE

LA COMPO

- 400 g de riz rond
- 400 ml d'eau
- 50 g d'huile de colza
- 4 champignons de Paris
- 1 oignon
- ½ poivron vert
- 100 g de lardons
- 1 carotte
- 40 g de ketchup
- Sel fin et poivre
- 8 œufs (2 par personne)

LES ÉTAPES

- Dans une casserole, versez le riz dans de l'eau froide. Portez à ébullition et remuez pour détacher les grains. Couvrez et laissez cuire à feu doux 13 à 15 minutes, jusqu'à ce que le liquide soit complètement absorbé. Éteignez le feu, remuez de nouveau et laissez reposer 5 minutes à couvert.
- Émincez l'oignon et les champignons, et coupez le poivron vert et la carotte en petits cubes.
- Dans une poêle chaude, faites revenir les légumes avec les lardons. Quand tout est bien cuit, ajoutez le riz cuit et le ketchup. Mélangez bien, salez et poivrez. Réservez.
- Fouettez les œufs deux par deux dans un bol. Chauffez une poêle et cuisez chaque omelette 10 secondes. Baissez le feu et répartissez l'omelette pour qu'elle soit bien uniforme.
- Retirez du feu à mi-cuisson, ajoutez le riz sauté au milieu de l'omelette et pliez les bords vers le centre.
- Répétez l'opération quatre fois.

✱ Dressage
Déposez chaque omelette garnie sur une assiette et décorez avec du ketchup.

PARIS
QATAR
AIRWAYS
19
PARIS

Croffle

Portions :
4 personnes

Type de plat :
dessert

Cuisine :
sud-coréenne

Temps de préparation :
30 minutes

Temps de repos :
6 heures

Temps de cuisson :
10 minutes

Temps total :
6 heures 40

PÂTISSERIE

LA COMPO

- 8 croissants crus surgelés
- 4 jaunes d'œufs
- 100 g de sucre en poudre
- 2 gousses de vanille
- 400 ml de lait
- 150 ml de crème liquide
- 100 ml de sirop d'érable
- 30 g de noisettes du Piémont

- Matériel nécessaire : thermomètre de cuisson.

LES ÉTAPES

- Sortez les croissants du congélateur pour les faire décongeler.
- Fouettez les jaunes d'œufs dans un bol avec le sucre et les graines issues des gousses de vanille préalablement fendues et grattées.
- Conservez les gousses, déposez-les dans le lait et faites chauffer jusqu'à un début d'ébullition.
- Versez le lait chaud sur les œufs en mélangeant vivement. Versez de nouveau le tout dans la casserole et faites chauffer en remuant constamment.
  Plongez un thermomètre à sonde ou laser et stoppez la cuisson lorsque le mélange atteint 83 °C.
- Versez la crème anglaise ainsi obtenue dans un cul de poule. Laissez les gousses de vanille infuser dans la crème 10 minutes avant de les retirer. Laissez refroidir le mélange avant de le mettre au congélateur pendant 6 heures.
- Peu de temps avant de servir, préchauffez la machine à gaufre à 180 °C. Déposez les croissants dans la machine et cuisez-les jusqu'à obtenir des viennoiseries bien dorées.

* Dressage du dessert

Déposez deux croffles par assiette et ajoutez-y des boules de glace à la vanille. Saupoudrez de noisettes concassées et versez du sirop d'érable dessus.
Dégustez sans attendre !

Hwachae

Portions :
4 personnes

Type de plat :
dessert

Cuisine :
sud-coréenne

Temps de préparation :
15 minutes

Temps total :
15 minutes

AUTOUR DU FRUIT

LA COMPO

- ¼ de melon
- ⅛ de pastèque
- 400 ml de limonade
- 200 ml de lait
- Glace pilée
- 4 feuilles de basilic

LES ÉTAPES

- Récupérez la chair du melon et de la pastèque et faites des petites boules à l'aide d'une cuillère parisienne.
- Déposez-les dans un grand saladier.
- Mélangez le lait et la limonade, et versez le tout sur les boules de fruits. Ajoutez la glace pilée et les feuilles de basilic finement émincées.
- Servez bien frais.

11

INDEX

✳ SNACKING

✳ PÂTISSERIE

✳ AUTOUR DU FRUIT

REMERCIEMENTS

Je souhaite remercier tous ceux qui ont collaboré à la confection de ce livre.

À commencer par Jamie, Joohee, Florian, Cédric et toute l'équipe du restaurant, qui ont investi de leur temps et de leur énergie pour que cet ouvrage prenne vie.

Nicolas Buisson, sans son regard avisé, rien n'aurait pu être. Merci de ta patience et de ta joie de vivre.

Merci au PSG.

Merci Juan, pour tes recherches et conseils de tous les jours.

Merci à Emmanuel Cherki, Fabien Allègre pour votre bienveillance.

Merci aux éditions Amphora qui m'ont fait confiance, qui m'ont conseillé et accompagné. Plus particulièrement à Constance, Marion, Romane et Renaud.

ICI C'EST PARIS !!!

Crédits photos :
Photos culinaires et photo de couverture : Nicolas Buisson
Céramiste : Céramiques Carron (Mathilde Carron-Astier de Villatte)
Photos de l'auteur : Thaï Toutain : p. 10, p. 12/13
Photos de joueurs : © PSG/Paris Saint-Germain
© Adobe Stock : p. 27, p. 31, p. 43, p. 54, p. 59, p. 67, p. 75, p. 86, p. 91, p. 97, p. 107, p. 113, p. 118, p. 123, p. 128, p. 134, p. 139, p. 141, p. 143, p. 155, p. 157, p. 161, p. 163, p. 165, p.171

Couverture et direction artistique :
Lionel Rousseau– Amphora et Jules Aubriot – Elilocom
Mise en page : Colette Crombez – Elilocom
Éditrice : Marion Quinconneau avec le soutien de Romane Beaudouin, Line-Marie Gérold, Claire Kapota et Juliette Taisne.
Relectrice : Adeline Di Vito

Paris Saint-Germain/Produit sous licence officielle
Pascal Ferré en qualité de « Directeur des Relations Presse et Médias de l'équipe première Masculine – PSG »
Julien Maynard en qualité de « Responsable Communication Presse et Médias de l'équipe première – PSG »
Fabien Allègre en qualité de « Directeur de la Marque – PSG »
Emmanuel Cherki en qualité de « Responsable de l'identité de la Marque – PSG »

Imprimé en Europe par Printcorp

9 782757 605 622